Hoffen, Kämpfen und Gewinnen

Krebs begreifen und besiegen
Hilfe zur Selbsthilfe
Wegweiser aus der Krankheit

Prof. Dr. med. Volker Fintelmann

Der Autor:

Professor Dr. med. Volker Fintelmann, geboren 1935 in Berlin, Studium der Medizin in Tübingen, Berlin, Heidelberg und Hamburg, Promotion 1961, Arzt für Innere Medizin/Gastroenterologie. Spezialgebiete: Hepatologie und komplementäre Onkologie, Phytotherapie und anthroposophisch ergänzte Medizin. 1973 Leitender Arzt der DRK-Klinik Helenenstift Hamburg, seit 1977 zusätzlich Leitender Arzt der Medizinischen Abteilung des DRK-Krankenhauses Hamburg, seit 1980 Leitender Arzt der Medizinischen Abteilung B am Krankenhaus Rissen der DRK-Schwesternschaft Hamburg e.V., dort Ärztlicher Direktor und Geschäftsführer 1986–1996. Von 1978–1989 Mitglied und Vorsitzender der Kommission E für Phytotherapie beim Bundesgesundheitsamt in Berlin. Seit 1997 Vorstand der Carl Gustav Carus Akademie für Ganzheitsmedizin in Hamburg.

Professor Fintelmann erkannte schon früh, dass die Schulmedizin die vielfältigen Möglichkeiten der Naturheilkunde zusätzlich berücksichtigen sollte. Die ganzheitliche Sicht des Menschen wurde zum entscheidenden Grundsatz seines ärztlichen Handelns. In zahlreichen Vorträgen, Publikationen und Seminaren hat er sein Wissen und seine Vorstellungen einer ganzheitlich orientierten Medizin weitergegeben. Er ist Autor zahlreicher Fachbücher (u. a. Intuitive Medizin, Lehrbuch der Phytotherapie) und populärwissenschaftlicher Bücher (u. a. Krebssprechstunde, Alterssprechstunde, Quo vadis? Medizin am Scheideweg).

ISBN 3-922639-04-6

Herausgeber: Dr. Loges + Co. GmbH, Winsen

3. Auflage 2005
Printed in Germany
Verlag und Druck: Nordlanddruck GmbH, Lüneburg

Vorwort der Herausgeberin

Sie haben dieses Buch zur Hand genommen, weil Sie sich mit dem Thema Krebs auseinandersetzen müssen. Möglicherweise werden Sie oder ein Ihnen Nahestehender bald eine operative Behandlung, eine Chemo- oder eine andere Krebs-Therapie beginnen. Vielleicht wurde eine solche auch bereits durchgeführt. Nun stellen Sie sich die Frage, wie es weitergehen soll. Mit Sicherheit fühlen Sie sich einer der schwersten Herausforderungen in Ihrem Leben ausgesetzt.

Im Bewusstsein, dass viele unter uns von dieser Thematik betroffen sind, haben wir versucht, eine neuartige Verbindung von Kommunikation und Wissen zu schaffen. Während der Entstehungszeit dieses Buches kam es zu sehr vielen Gesprächen mit Freunden oder Bekannten, die von der Diagnose „Krebs" direkt oder durch die Erkrankung eines Angehörigen indirekt betroffen waren.

Jeder Einzelne hat mit der großen Angst, die bei der Diagnose „Krebs" auftritt, zu kämpfen. Panik, Angst, Schuldgefühle und auch Scham sind die unweigerlichen emotionalen Reaktionen in dieser Situation. Alle begegnen einer unsagbaren Hilflosigkeit und dem Gefühl des Alleingelassenseins. Wenn man als Beobachter und Freund, als Verwandter oder auch nur Bekannter nicht davonläuft, sondern sich mit den Menschen verbindet und sich mit ihrer Notlage befasst, wird man von tiefem Mitgefühl und dem Wunsch zu helfen ergriffen.

Hieraus entwickelte sich in uns die Absicht, konkrete Möglichkeiten für diejenigen zu schaffen, die sich mit dieser LEBENS-Aufgabe, der Erkrankung „Krebs", befassen müssen.

Mit diesem Buch möchten wir es Ihnen ermöglichen, greifbare Hilfe in Anspruch zu nehmen. Der Autor, Herr Professor Volker Fintelmann, beschreibt aus eigener Erfahrung sowohl die Behandlungsmethoden der Schulmedizin als auch die der biologischen Krebstherapie. Die vielfältigen Möglichkeiten der biologischen Therapie werden Ihnen Mut machen, zusätzliche Wege zu gehen. Der Autor erklärt Ihnen die Wirkungsweisen einzelner Behandlungsverfahren, um Ihnen so Entscheidungen zu erleichtern.

Sie werden mehr informiert sein als zuvor und dann besser Bescheid wissen, welche Therapie Ihnen am meisten zusagt.

Unser Bestreben ist es, Ihnen eine zuverlässige Begleitung während einer schwierigen Lebensphase zu sein.

Neben Ratschlägen zu Lebensweise und Ernährung möchten wir Ihnen mögliche Hintergründe aufzeigen, die Ihnen vielleicht Aufschluss über die psychische Seite Ihrer Erkrankung geben können. Wir möchten Sie dabei ermuntern, sich mutig auch dieser – Ihrer „dunklen" – Seite zuzuwenden, um erfolgreich im Kampf gegen den Krebs zu sein. Hier ist die Aufforderung an Sie, sich nicht nur um Ihr körperliches, sondern auch um Ihr seelisches Wohlbefinden zu kümmern, und wir werden Ihnen dazu einige Möglichkeiten vorstellen.

Uns liegt auch besonders am Herzen, Ihnen im persönlichen Gespräch mit unserer medizinisch wissenschaftlichen Abteilung weiterzuhelfen. Die betreffenden Mitarbeiter sind mit der Thematik sehr vertraut und möchten Ihnen gute, persönliche Gesprächspartner sein, mit denen Sie über alle denkbaren Fragen der biologischen Krebstherapie sprechen können. Damit Sie ohne Umwege den richtigen Ansprechpartner finden, haben wir für Sie eine telefonische „Hotline" eingerichtet. Unter
Telefon 04171-707118 ist von Montag bis Freitag 8.00–12.00 Uhr immer jemand für Sie da. Wir werden Ihnen auf diesem Weg alle Informationen, wie Hinweise auf spezielle Literatur oder Adressen geben, die Sie ganz persönlich benötigen, um Ihre Antwort zu finden auf die drängende Frage: „Wie geht es weiter?"

Dank aller zusammengetragenen Erfahrungen können wir sagen, es gibt Wege aus der Krankheit, die von Ihnen mit Mut und Zuversicht gefunden und gewählt werden können. Dabei wollen wir Ihnen zur Seite stehen. Teilen Sie mit uns unsere Zuversicht, kämpfen Sie, nehmen Sie Hilfe an und seien Sie nicht mutlos.

Das Schönste, was aus diesem Buch entstehen könnte, wäre Ihre Gesundung, unterstützt durch ein übergreifendes Gefühl des gemeinsamen Zusammenwirkens und dadurch des „Nicht-mehr-allein-Seins". Wir wären glücklich, wenn Sie uns Ihre persönlichen Erfahrungen, Ihre Gefühle,

Ihre Hoffnungen und auch Ihre Zweifel mitteilen würden. Vielleicht können wir Ihren Beitrag als Hilfestellung für jene Menschen weiterverwenden, die zu einem anderen Zeitpunkt einmal in einer Situation sein werden, in der Sie sich heute befinden.

Wir wünschen Ihnen Mut, Zuversicht und Liebe ...
Wir möchten für Sie da sein.
Sie sind nicht allein.

Diana Loges
und die Mitarbeiter der Firma Dr. Loges

Vorbemerkungen des Autors

Wenn Sie diesen Ratgeber in die Hand nehmen, werden Sie sich fragen: Was wird er mir nützen? Wird er meine Fragen beantworten? Welche Hilfen kann ich von ihm erwarten? Mein Ziel als Verfasser ist es, Sie kritischer und urteilsfähiger zu machen, damit Sie über den Weg aus der Krebskrankheit selbst mitentscheiden können. Vor allem möchte ich Ihnen wichtige Gesichtspunkte der komplementären und biologischen Krebstherapie vermitteln, welche die Möglichkeiten der Schulmedizin ergänzt – denn darüber wird viel seltener informiert als über die schulmedizinischen („konventionellen") Verfahren.

Es ist meine feste Überzeugung, dass jeder Krebskranke aktiver Mitgestalter seiner Therapie sein muss, wenn sie erfolgreich sein soll. Weiterhin bin ich überzeugt, dass die Therapie immer den ganzen Menschen betreffen muss. Und das heißt, dass die Auswirkungen der Krebskrankheit auf den Körper, die Seele und den Geist ernst genommen werden müssen. Deshalb ist auch das Kapitel über die Pflege von Körper, Seele und Geist so wichtig.

Jeder Krebskranke, den ich als Arzt begleiten durfte, oft zusammen mit anderen Therapeuten, hat mich diese Überzeugung gelehrt und mich immer neu darin bestätigt. In über 40 Jahren als Krankenhausarzt habe ich die Erfahrung gemacht, dass die Behandlung dieser Krankheit vor allem Offenheit und Wahrhaftigkeit braucht – Lüge, Illusion und Selbstbetrug dagegen machen alles letztlich nur schlimmer. Wichtig ist außerdem, die Würde des Kranken auch in schweren Zeiten aufrecht zu halten und zu achten.

Dieser Ratgeber will Ihnen Denk- und Handlungsanstöße geben – nicht mehr, aber auch nicht weniger. Er versucht, Ihnen einen Überblick zu bieten und eine ganzheitliche Sicht zu ermöglichen. Daher kann er an keiner Stelle umfassend oder vollständig informieren. Dafür gibt er Hinweise auf eine weiterführende Literatur. Er ist persönlich geschrieben – vor dem Erfahrungshintergrund meines langjährigen therapeutischen Umgangs mit dieser Krankheit und auf der Grundlage meines Menschenbildes, das sich durch immer neues Suchen und Forschen und meinem Ruhen im Christentum gestaltet hat. Vielleicht spüren Sie diese Basis und vielleicht bietet sie auch Ihnen Halt. Vielleicht hilft sie Ihnen, auch Ungewohntes zu akzeptieren und sich zu neuen Fragen anregen zu lassen. Bitte verstehen Sie die Inhalte dieses Buches nicht als Rezepte oder gar Vorschriften – sondern ziehen Sie heraus, was Ihnen persönlich wichtig und hilfreich erscheint.

Vielleicht wird der eine oder andere Leser Hinweise auf den Krebs im Kindesalter vermissen. Ich habe dieses Thema bewusst ausgeklammert, da es eine ganz eigene Darstellung bräuchte. In diesem Buch konzentriere ich mich ausschließlich auf die Situation des Erwachsenen, der sich als Patient oder Angehöriger mit der Krebskrankheit auseinandersetzen möchte.

Falls Sie selbst von Krebs betroffen sind, wünsche ich Ihnen viel Mut und Kraft, einen Weg zu finden und zu gehen, der Sie aus dieser schweren Krankheit herausführt. Vielleicht entdecken Sie sogar, dass Sie dabei auch gewinnen konnten und hinterher reicher und reifer sind, als Sie es vor der Krankheit waren.

Jeder gute Arzt weiß, dass seine wichtigsten Lehrer seine Patienten sind. Und so gebe ich hiermit auch einen Dank an die vielen Menschen zurück, die mich das gelehrt haben, was ich mit diesem Ratgeber weitergeben möchte.

Inhalt

Was ist Krebs?

Krebs als Krankheit der Zelle

Das Immunsystem

Krebs und Immunsystem

Krebs und Psyche (Psychoonkologie)

Krankheit als Frage – Therapie als Antwort

Was ist Krebs?

Der ganze Mensch: Körper, Seele und Geist

Krebs ist eine der häufigsten Krankheiten überhaupt – in der westlichen Welt erkrankt jeder dritte bis vierte Mensch im Laufe seines Lebens daran. Krebs ist bei uns die zweithäufigste Todesursache nach den Herz-, Kreislauf- und Gefäßerkrankungen. Aber Krebs ist keineswegs unheilbar, wie viele Menschen annehmen. Und vor allem ist Krebs nicht gleich Krebs! Lassen Sie mich in diesem Kapitel einiges zu den vielfältigen Ursachen und Verlaufsformen dieser Erkrankung sagen – denn wenn Sie diese Basisinformationen erst einmal kennen, wird es viel leichter für Sie sein, den Kampf gegen den Krebs mit Hoffnung und innerer Kraft zu führen. Und das heißt: mit guten Erfolgschancen.

Unter der Bezeichnung Krebs werden sehr verschiedene Krankheiten zusammengefasst, die eines gemeinsam haben: die Entartung von Körperzellen.

Den Krebs gibt es eigentlich gar nicht. Denn unter dieser Bezeichnung werden sehr verschiedene Krankheiten zusammengefasst, die eines gemeinsam haben: die Entartung von Körperzellen. Krebs ist also zunächst eine *Krankheit der Zelle*, die nicht mehr ihre normale Gestalt ausbildet, beispielsweise als Leber- oder Blutzelle – sondern eine eigene, dem Körper fremde Gestalt annimmt. Diese Zelle beginnt, sich zu vermehren und ein vom Organismus unabhängiges Leben zu führen. Das geschieht mehr und mehr auf Kosten des Körpers – der Krebs ist ein Schmarotzer.

Sie wissen vermutlich, dass alles Körperfremde von unseren Abwehrkräften, dem Immunsystem, erkannt und sofort bekämpft wird. Aber warum geschieht das nicht beim Krebs? Warum werden entartete Zellen nicht frühzeitig vernichtet? Schon lange ist bekannt, dass Fehler im Immunsystem die Voraussetzungen schaffen, dass die Krebszelle sich entwickeln, im Körper einnisten und vor allem vermehren kann. Krebs ist also auch eine *Krankheit des Immunsystems*, eine so genannte Immunkrankheit.

Außerdem beschäftigen sich viele Ärzte, Psychologen, Psychotherapeuten und Sozialmediziner mit der Frage, inwieweit psychische Faktoren Einfluss auf das Entstehen und die weitere Entwicklung der Krebskrankheit haben. Ist sie sogar in erster Linie eine seelische Erkrankung, wie manchmal behauptet wird? Für diese Frage gibt es sogar Spezialisten: die Psychoonkologen. Lange Zeit gingen diese Spezialisten davon aus, dass es eine bestimmte „Krebspsyche" gebe – eine besondere psychische Veranlagung zur Krebskrankheit. Heute wird das aber nicht mehr so gesehen. Man ist dazu übergegangen, psychische Symptome zu untersuchen, die offenbar im Zusammenhang mit der Krebskrankheit stehen. Dabei lautet die Kernfrage, ob sie eine Folge der Erkrankung sind oder doch auf irgendeine Weise mit ihrer Entstehung zu tun haben? Ist Krebs also auch eine psychische Krankheit?

Bevor wir uns genauer mit diesen drei Aspekten befassen, lassen Sie mich bitte etwas erwähnen, das für das Verständnis der Krebskrankheit besonders wichtig ist: die ganzheitliche Sicht auf den Menschen. Niemand besteht nur aus seinem Körper, denn dieser wird ergänzt und durchdrungen von der Seele. Nach meiner Weltsicht kommt aber noch ein drittes Element hinzu: der Geist. Er macht die Individualität, die Besonderheit jedes einzelnen Menschen aus.

Körper, Seele und Geist bilden eine lebenslange untrennbare Einheit – und jeder dieser Teile des ganzen Menschen wird von der Krebskrankheit berührt.

Körper, Seele und Geist bilden eine lebenslange untrennbare Einheit – und jeder dieser Teile des ganzen Menschen wird von der Krebskrankheit berührt. Um diese besser verstehen und bekämpfen zu können, müssen wir sie also jeweils unter ihren körperlichen, seelischen und auch persönlichen Aspekten betrachten. Mehr dazu in den beiden letzten Abschnitten dieses Kapitels (ab Seite 24).

Krebs als Krankheit der Zelle

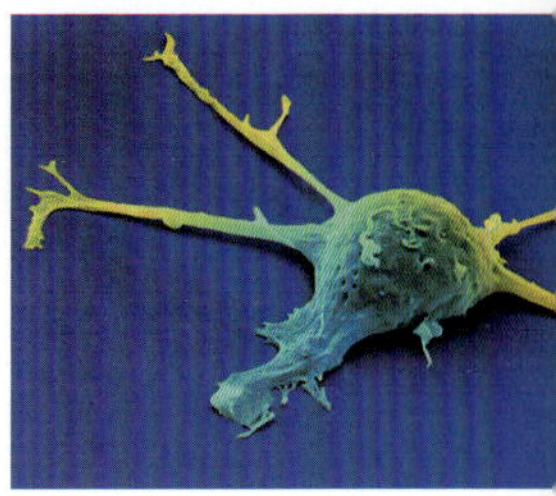

Mikroskopische Aufnahme einer Krebszelle.

Wie die Medizin den Menschen sieht und wie sie seine Krankheiten behandelt, das hängt vor allem von ihrem gesellschaftlichen und weltanschaulichen Umfeld ab. Zum Beispiel kann ein Naturvolk die Heilung als ein Werk guter Geister verstehen – daher versucht der Medizinmann, diese Geister gnädig zu stimmen. Die heute bei uns dominierende Anschauung der Medizin dagegen beruht auf den Naturwissenschaften Chemie, Biologie und Physik. Diese untersuchen alles, was messbar und zählbar ist, was man beobachten und objektivieren („beweisen") kann. Die naturwissenschaftliche Medizin nennt sich auch „evidenzbasierte Medizin“ und meint damit, dass für sie nur das wahr und relevant ist, was sich durch Experimente und Studien beweisen lässt. Ihr wichtigstes Hilfsmittel ist die Statistik. Damit wird erfasst, ob eine aufgestellte Vermutung (Hypothese) in den meisten Fällen zutrifft oder nicht – beispielsweise die Wahrscheinlichkeit, mit der eine bestimmte Therapie bei einer Krebserkrankung „greift“ oder nicht. Die naturwissenschaftliche Medizin wird meist vereinfachend „Schulmedizin“ genannt, weil sie an staatlich anerkannten Schulen (Hochschulen, Universitäten) gelehrt wird.

Vielfältige Faktoren können auf unterschiedlichste Art bewirken, dass sich eine gesunde Zelle verändert und die ordnenden Signale des Organismus nicht mehr befolgt.

Diese Schulmedizin beschreibt viele verschiedene Faktoren, die dazu führen können, dass aus einer normalen Körperzelle eine Krebszelle wird. Sie nennt das die „multifaktoriellen Ursachen“ der Krebskrankheit.

Zu diesen Faktoren gehören bestimmte Stoffe, die krebserzeugend sein können, und daher „Karzinogene“ genannt werden: chemische Stoffe wie Kohlenwasserstoffe, Dioxin, Asbest oder Arsen sowie so genannte freie Radikale und viele andere Stoffe mehr. Zu den Krebs auslösenden Faktoren gehören weiterhin Umwelteinflüsse wie die ultraviolette Strahlung des Sonnenlichts oder Umweltgifte, die durch die Industrie oder Landwirtschaft in die Luft, das Wasser und den Boden gelangen. Dazu gehören auch bestimmte Arzneimittel, die als so unverzichtbar angesehen werden, dass ihr Krebsrisiko in Kauf genommen wird – etwa Zytostatika (zellhemmende Arzneimittel, die in der Krebstherapie, aber auch bei Autoimmunerkrankungen eingesetzt werden, z. B. Methotrexat bei chronischem Rheuma, Azathioprin beim Morbus Crohn oder der Sklerodermie). Dasselbe gilt für die so genannten Immunsuppressiva, die vielfältig angewendet werden – grundsätzlich zum Beispiel, um nach Organtransplantationen Abstoßungsreaktionen des Körpers zu unterdrücken.

Zu den Ursachen der Krebskrankheit werden auch die Genussmittel Tabak und Alkohol gezählt. Für beide steht fest, dass sie einen erheblichen Anteil an der Entstehung von Krebs haben. Nach einer umfangreichen amerikanischen Untersuchung macht der Tabakkonsum etwa 40 % aller äußeren Krebsursachen aus. Von großer Bedeutung sind auch Einflüsse der Ernährung. Als krebsfördernd gelten heute vor allem ein hoher Anteil von Fetten mit gesättigten Fettsäuren (also vor allem tierische Fette), eine stark fleischbetonte Ernährung, eine ballaststoffarme Kost und möglicherweise auch übertrieben starker Kaffeekonsum.

Zu den krebsauslösenden Faktoren gehören schließlich auch alle radioaktiven Stoffe und alle ionisierenden Strahlen wie zum Beispiel die Röntgenstrahlen. Als besonders wichtige Faktoren werden mehr und mehr so genannte „Krebsgene“ gesehen, die in zahlreichen Viren vorkommen und im Zusammenwirken mit anderen Einflüssen die Entstehung von Krebszellen verursachen sollen.

All diese vielfältigen Faktoren können auf unterschiedlichste Art bewirken, dass sich eine gesunde Zelle verändert oder, wie man wissenschaftlich sagt, mutiert. Diese „entartet“ oder auch „bösartig“ (medizinisch: „maligne“) genannte Zelle verselbständigt sich und befolgt die ordnenden Signale des Organismus nicht mehr. Sie kann vom Zelltod-Programm nicht mehr erfasst werden, das normalerweise dafür sorgt, dass kranke oder alternde Zellen absterben und aus dem Organismus ausgesondert werden – man nennt das „Apoptose“. Schließlich kommt es zur unkontrollierten Zellvermehrung: der Krebstumor entsteht. Dieser kann sich über das Blut und die Lymphe in den ganzen Körper ausbreiten – so entstehen die gefürchteten Tochtergeschwülste oder „Metastasen“.

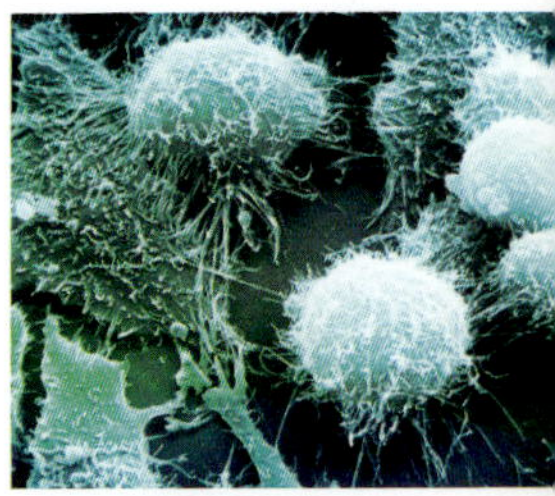

Die Krebszelle verselbständigt sich und befolgt die ordnenden Signale des Organismus nicht mehr.

Das Prätumorstadium

Die meisten Menschen stellen sich Tumoren als sehr schnell wachsende Gebilde vor. Das stimmt nur selten. Im Allgemeinen verläuft das Wachstum von Krebstumoren sogar erstaunlich langsam. Die Zeit, in der sich die Zellzahl eines Tumors verdoppelt, bezeichnen Mediziner als „Tumorverdoppelungszeit“. Und diese ist so lang, dass von der Entstehung der ersten Krebszelle bis zu einer nachweisbaren Geschwulst mindestens sieben Jahre vergehen – oft sogar mehr als 20 Jahre!

Während dieses so genannten „Prätumorstadiums“ entsteht irgendwo im Körper ein zunächst unvorstellbar kleiner Tumor, der unbemerkt weiter wächst und sich eventuell schon jetzt durch Aussiedelungen („Mikrometastasen“) verbreitet, um dann eines Tages so groß zu werden, dass er im Zuge der Früherkennung entdeckt werden kann. Dazu muss er mindestens

1 x 1 x 1 cm groß werden. Obwohl das noch ein sehr kleiner Tumor ist, besteht er bereits aus rund 1 Milliarde Krebszellen! Er hat längst seine Unabhängigkeit vom Organismus entwickelt und kann ohne Hilfe von außen nicht mehr beherrscht werden. Selbst die sorgfältigste Früherkennung kommt also ziemlich spät. Man fragt sich als Betroffene(r), aber auch als Ärztin oder Arzt:

- Wie konnte sich ein solcher Tumor über Jahre entwickeln, ohne vom Immunsystem bemerkt und bekämpft zu werden?
- Hätte man nicht schon im echten Frühstadium (Prätumorstadium) die Tumorentwicklung erkennen müssen – und entsprechend handeln können?
- Kann man das Immunsystem nicht so beeinflussen, dass es seine Aufgabe der Krebsabwehr zuverlässig erfüllt und eine Krebszellbildung gar nicht erst zulässt?

Um diese Fragen befriedigend zu beantworten, muss man wissen, wie das gesunde Immunsystem arbeitet, wodurch es gestört oder behindert wird und welche besonderen Einflüsse bewirken können, dass trotz sonst guter Immunfunktion eine Krebskrankheit auftritt.

Das Immunsystem wehrt Stoffe nicht nur ab, sondern verarbeitet sie auch und „baut“ sie damit zu anderen Stoffen um, die sich der Körper zum Teil aneignet.

Das Immunsystem

Eine der wichtigsten Voraussetzungen für unsere Gesundheit ist das reibungslose Funktionieren unseres Immunsystems. Seine Aktivität bezeichnete man früher mit dem Begriff „Abwehrkräfte“. Denn ein ganz wichtiger Teil der Immunarbeit ist die Abwehr schädlicher Stoffe oder sonstiger fremder Einwirkungen – die übrigens auch immaterieller, zum Beispiel seelischer Art sein können.

Der bildhafte Begriff „Abwehrkräfte“ ist also nicht falsch – aber unvollständig. Denn das Immunsystem wehrt Stoffe nicht nur ab, sondern verarbeitet sie auch und „baut“ sie damit zu anderen Stoffen um, die sich der Körper zum Teil aneignet. Sie können sich das Prinzip ganz ähnlich vorstellen wie die Verdauung – den Umbau und die Aneignung von Nahrungsstoffen. Nicht zufällig spielt der Dünndarm die Hauptrolle bei der Umwandlung der Nahrungsstoffe – und ist zugleich eines der größten Immunorgane. Dann wird in der Leber, der alle verdauten Stoffe vom Darm zugeführt werden, durch ein spezielles Immunsystem die Entscheidung getroffen, welche Stoffe für den Körper nützlich sind und welche nicht. Die nützlichen werden weiter verarbeitet, die untauglichen dagegen über die Galle oder den Harn ausgeschieden. Aneignung und Ausscheidung sind also die grundlegenden Tätigkeiten unseres Immunsystems.

Verantwortlich dafür sind die Immunzellen. Zu diesen zählt vor allem die Gruppe der weißen Blutkörperchen („Lymphozyten"), von denen es etliche unterschiedliche Arten mit verschiedenen Aufgabenstellungen gibt. Da sind zum Beispiel die so genannten Fresszellen („Makrophagen"), die sich fremde Stoffe einverleiben, damit sie danach aus dem Körper ausgeschieden werden können. Dann gibt es die so genannten Plasmazellen, welche Abwehrstoffe bilden, die „Antikörper" genannt werden. Diese Plasmazellen haben eine hohe Intelligenz und können auf einen bestimmten Stoff, etwa ein Masernvirus, den exakt passenden Antikörper produzieren, der dann den Fremdling („Antigen") abfängt und unschädlich macht. Andere Lymphozyten wiederum sind in der Lage, fremde Elemente, zum Beispiel eine Krebszelle, unmittelbar außer Gefecht zu setzen. Deshalb nennt man sie auch etwas kriegerisch die „natürlichen Killerzellen" (NK-Zellen).

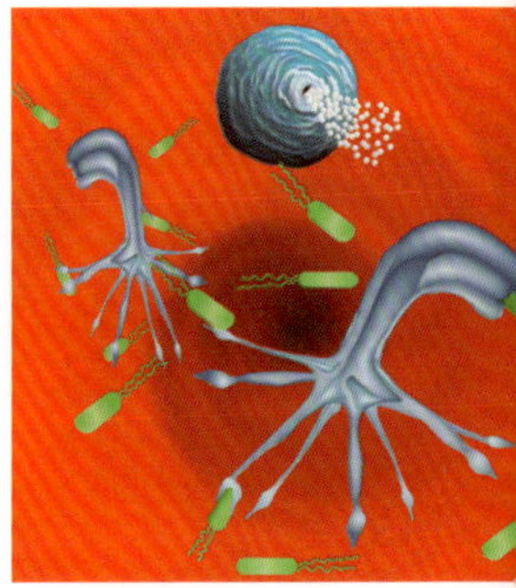

Die Zellen des Immunsystems übernehmen die Abwehr schädlicher Stoffe oder sonstiger fremder Einwirkungen.

Darüber hinaus sind im Immunsystem viele Botenstoffe tätig. Sie übermitteln Informationen und tragen damit wesentlich dazu bei, dass zu jedem Zeitpunkt an jedem Ort im Organismus das Notwendige und Richtige geschieht – dass also die Gesundheit gewahrt bleibt.

Bei der riesigen Fülle der Organfunktionen und der feinen Abstimmung dieser Funktionen aufeinander ist es geradezu ein Wunder, dass das Immunsystem den Überblick behält und im Allgemeinen alles richtig macht. Faszinierend, dass es nicht viel öfter zu Pannen kommt und dadurch Störungen, allergische Reaktionen oder gar Krankheiten ausgelöst werden. Allerdings scheint unser Immunsystem allmählich an seine natürlichen Leistungsgrenzen zu stoßen: Fachleute schätzen, dass bereits ein Viertel der Deutschen Allergien entwickelt hat – Tendenz weiter steigend.

Die Einzigartigkeit unseres Immunsystems

Die wichtigsten Bestandteile unseres Immunsystems sind neben den erwähnten Organen Dünndarm und Leber alle so genannten „lymphatischen Gewebe" – zu diesen zählen vor allem die Milz, die Thymusdrüse, die Hals- und Rachenmandeln und natürlich die Haut. Als „lymphatisch" bezeichnen Mediziner jedes Gewebe, durch das Lymphe fließt. Die Lymphe wiederum ist eine klare Flüssigkeit, welche die Zellen im Gewebe umspült. Eine der Hauptaufgaben des Lymphsystems ist es, durch die Verdauung aufgespaltenes Fett vom Darm in das Blut zu transportieren. Weitere wichtige Aufgaben sind Immunfunktionen: die Bindung und Zerstörung giftiger Substanzen sowie die Verhinderung einer Ausbreitung von Krankheitserregern im Körper.

Bitte stellen Sie sich die genannten Bestandteile des Lymphsystems als Wächter vor, die den Körper gegen alles Fremde beschützen. Es geht dabei um weit mehr als um die Abwehr von Erkrankungen – nämlich um die Bewahrung der körperlichen Identität und Integrität, um die persönliche Eigenart jedes einzelnen Menschen. Dieser Gedanke ist nicht ganz einfach nachzuvollziehen. Auch in der medizinischen Fachwelt beginnt er erst allmählich, sich durchzusetzen. Lassen Sie mich deshalb bitte ein bisschen weiter ausholen.

Die Bestandteile des Lymphsystems kann man sich als Wächter vorstellen, die den Körper gegen alles Fremde beschützen.

Vor einiger Zeit sagte der schwedische Immunologe Prof. Wigzell auf einem internationalen Kongress, dass jeder Mensch sein ureigenes Immunsystem habe, „von dem es keine Kopie gibt". Denn wenn es nicht einzigartig wäre, wie sollte es dann „eigen" von „fremd" unterscheiden können? Bis in die feinsten Strukturen hinein bildet jeder Mensch eine solche Eigenart aus, dass kein Gewebe eines anderen Menschen oder gar eines Tieres mit seinem eigenen identisch ist – Sie kennen sicher die Problematik von „Abstoßungsreaktionen" nach Organtransplantationen.

Die Eigenart des einzelnen Menschen wird auch in dem allgemein bekannten Begriff „Individualität" ausgedrückt. Diese ist aber nicht nur etwas Physisch-Materielles, sondern vor allem etwas Seelisch-Geistiges. Die fast ausschließlich auf die physisch-materielle Seite des Menschen ausgerichtete Schulmedizin interessierte sich daher bisher kaum für die

Individualität – im Gegensatz zur Psychosomatischen Medizin und insbesondere der Psychoonkologie. Dazu kommen wir ein paar Seiten weiter im Abschnitt „Krebs und Psyche“.

Allmählich setzt aber auch in der naturwissenschaftlich orientierten Medizin ein Umdenken ein. Es erhält wichtige Impulse von einem speziellen Wissenschaftsgebiet, das sich Psycho-Neuro-Immunologie nennt. Es untersucht die Zusammenhänge von Einflüssen der Seele (Psyche) über die Vermittlung des Nervensystems (Neuron) auf das Immunsystem – so kommt der etwas unhandliche Begriff Psycho-Neuro-Immunologie zustande. Die Untersuchungsergebnisse dieser jungen Disziplin beweisen hieb- und stichfest, dass solche Einflüsse der Seele auf das Immunsystem existieren. Positive seelische Stimmungen fördern die Abwehrkräfte, während negative Stimmungen sie hemmen. Wissenschaftlich spricht man von „Immunstimulation“ (= Anregung) und „Immunsuppression“ (= Unterdrückung). Diese Zusammenhänge konnten Sie bestimmt an sich selbst schon beobachten: Wenn man sich schlecht fühlt, ist die Gefahr, sich beispielsweise eine Erkältung „einzufangen“ viel höher, als wenn es einem gut geht.

Positive seelische Stimmungen fördern die Abwehrkräfte, während negative Stimmungen sie hemmen.

Was fördert und was hemmt das Immunsystem?

Neben den seelischen Faktoren gibt es eine Vielzahl weiterer fördernder und hemmender Einflüsse auf das Immunsystem. Wärme fördert und Kälte hemmt zum Beispiel. Und besonders bestimmte pflanzliche Arzneimittel aus der Naturheilkunde stärken das Immunsystem – vor allem Heilmittel aus dem Roten Sonnenhut *(Echinacea purpurea),* aus dem Lebensbaum *(Thuja occidentalis)* und aus der weißbeerigen Mistel *(Viscum album).* Auch Präparate aus dem Johanniskraut *(Hypericum perforatum)* haben wegen ihrer stark antidepressiven Wirkung indirekt einen positiven Einfluss. Hinzu kommen tierische Produkte, zum Beispiel aus der Thymusdrüse oder aus bestimmten Eiweißbausteinen (Peptiden), die aus Leber und Milz gewonnen werden. Den Zusammenhang dieser Organe mit dem Immunsystem habe ich ja schon dargestellt.

Echinacea (Sonnenhut).

Auf einige der genannten Natur-Heilmittel werde ich wegen ihrer besonderen Wirksamkeit bei der Krebskrankheit später ausführlich zurückkommen. Interessanterweise gibt es keine vergleichbaren chemisch-synthetischen Medikamente zur Immunförderung. Mittel, die zu diesem Zweck entwickelt wurden, erwiesen sich meistens als sehr giftig und führten zu erheblichen Nebenwirkungen. Dagegen hat die Schulmedizin starke, das Immunsystem hemmende Medikamente entwickelt, die unter anderem bei Organtransplantationen oder in der Krebstherapie eingesetzt werden. Auch das häufig verwendete Kortison wirkt immunsuppressiv.

Sicher haben Sie schon nach diesen kurzen Ausführungen zum Immunsystem erkannt, dass Sie selbst viele Möglichkeiten haben, es zu unterstützen – oder es zumindest nicht mehr zu belasten, als gut für Sie ist. Lassen Sie mich im nächsten Abschnitt beschreiben, welche wichtige Rolle die Immununterstützung bei der Krebsbehandlung und -vorbeugung spielt.

Krebs und Immunsystem

In der Schulmedizin wird der Zusammenhang zwischen Krebs und Immunsystem auffällig selten angesprochen. Im Mittelpunkt ihrer Anstrengungen steht die Vernichtung des Tumors und seiner Tochtergeschwülste („Metastasen"). Im Kapitel „Wie behandelt die Schulmedizin?" können Sie nachlesen, welche Methoden der Operation, der Chemotherapie und der Strahlentherapie man dafür entwickelt und immer weiter verfeinert hat.

Es steht zweifelsfrei fest, dass schon der operative Eingriff das körpereigene Immunsystem negativ beeinflusst. Noch intensiver aber wird das Immunsystem durch die Chemotherapie und die Bestrahlung belastet. Untersuchungen zeigen beispielsweise, dass die natürlichen Killerzellen (NK-Zellen) nach den genannten Therapien über Wochen und Monate in viel zu geringer Zahl produziert werden. Das betrifft auch andere wichtige Immunzellen. Dadurch bekommt der Krebs natürlich eine weitere Chance, sich auszubreiten und weitere Stellen für die Ansiedlung von Metastasen zu finden.

Besonders groß ist diese Gefahr in der Zeit unmittelbar nach Beendigung solcher Therapien, wenn keine weitere Behandlung durch die konventionelle Medizin mehr erfolgt. Denn nun heißt es warten, ob der Krebs nun besiegt ist oder ob er womöglich wiederkommt. Dieses passive Warten bedeutet für die meisten Menschen erheblichen Stress und ist verbunden mit Angst. Und beides bedeutet weitere Immunsuppression. Ein Teufelskreis, aus dem glücklicherweise die Naturheilkunde einen Ausweg weist.

In der Unterstützung der Immunfunktionen hat die Naturheilkunde oder „komplementäre Medizin“ (ergänzende Medizin) ihre zentrale Aufgabe bei der Krebstherapie gefunden. Sie wirkt aufbauend und anregend auf das Immunsystem und sorgt dafür, dass es so rasch wie möglich wieder funktioniert. Diese ergänzende Behandlung kann auch schon mit Beginn der konventionellen Krebstherapie einsetzen, also in Kombination mit dieser. Zum Beispiel hat es sich sehr bewährt, schon vor der Operation oder mit Beginn einer Chemo- oder Strahlentherapie eine biologische Immuntherapie zu starten. Moderne Studien zeigen, dass dadurch der negative Einfluss auf das Immunsystem deutlich vermindert wird, und dass beispielsweise Mistelpräparate oder Thymuspräparate die gesunden Zellen vor negativen Wirkungen der Chemo- und Strahlentherapie schützen können. Vor allem werden die oft sehr starken Nebenwirkungen auf das Befinden (Übelkeit, Erbrechen, depressive Verstimmung, Erschöpfung) abgemildert oder sogar aufgehoben. So kann die Lebensqualität auch während notwendiger konventioneller Therapien ganz erheblich verbessert werden.

Es hat sich sehr bewährt, schon vor der Operation oder mit Beginn einer Chemo- oder Strahlentherapie eine biologische Immuntherapie zu starten.

Sie sehen, es geht nicht um die Frage „Schulmedizin oder Naturheilkunde?“, sondern um eine Kombination aus beidem.

Ist Krebs eine Immunschwäche?

Bis heute ist nicht ganz erforscht, warum das Immunsystem die Entwicklung von Krebszellen zulässt und sich daraus eine Krebsgeschwulst und die Krebskrankheit entwickeln können. Das liegt nicht zuletzt daran, dass die von der schulmedizinisch ausgerichteten Industrie mit viel Geld ausgestattete Forschung diese Fragen noch nicht aufgegriffen hat – dort konzentriert man sich auf die wirtschaftlich interessanteren Strategien der konventionellen Therapien.

Im Vergleich dazu stehen der komplementären Krebsforschung nur winzige Beträge zur Verfügung – entsprechend langsam schreiten die Untersuchungen voran. Aber man hat schon eine ganze Reihe wichtiger Erkenntnisse gewonnen. Unter anderem steht fest, dass der Krebskrankheit keine allgemeine Immunschwäche zugrunde liegt, wie es zum Beispiel bei AIDS der Fall ist. Im Gegenteil waren viele Krebskranke bis zu der Diagnose Krebs auffällig gesund, sie hatten kaum Infekte und schon gar nicht fieberhafte Erkrankungen. Umso härter trifft sie die völlig überraschende Diagnose. Dies ist typisch für den Krebs.

In Wirklichkeit hat sich die Erkrankung extrem lange im Verborgenen entwickelt – Sie haben es im Abschnitt „Das Prätumorstadium" gelesen. Wissenschaftler gehen davon aus, dass vor allem durch Umwelteinflüsse jeder erwachsene Mensch Krebszellen ausbildet, die jedoch meist vom Immunsystem rechtzeitig erkannt und verdaut („phagozytiert") werden. Denn bevor sich eine Krebszelle selbstständig machen, irgendwo im Körper einnisten und verbergen kann, muss sie eine ganze Reihe von Wächterfunktionen unentdeckt passieren. Ermöglicht wird das vermutlich durch eine spezifische „Blindheit" oder Unaufmerksamkeit des Immunsystems gegenüber der Entartung der betreffenden Zelle.

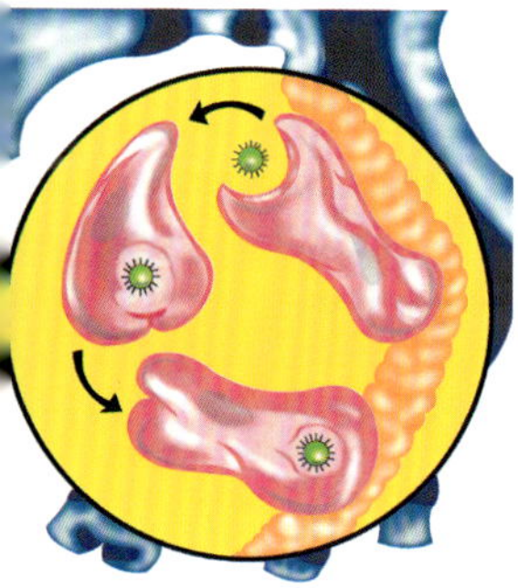

Zellen des Immunsystems nehmen fremde Partikel in sich auf und verdauen sie (Phagozytose).

Zur Erklärung dieser partiellen Störung der Aufmerksamkeit im Immunsystem wird weiter intensiv geforscht. Zunächst aber werden Sie sicher wissen wollen, wie man den nun einmal entstandenen Fehler beheben kann. Die Antwort lautet: durch eine biologische Krebs- oder Immuntherapie. Sie zeichnet sich unter anderem dadurch aus, dass sie den Patienten nicht nur als einen Körper sieht, der einen zu entfernenden Defekt aufweist – sondern den Menschen in seiner Gesamtheit aus Körper, Seele und Geist betrachtet.

Krebs und Psyche (Psychoonkologie)

Wer die Krebskrankheit verstehen will, um sie wirksam zu bekämpfen, darf nicht nur die körperliche Seite sehen. Die Schulmedizin ist zuständig für die Therapie der körperlichen Auswirkungen von Krebs – die Psychoonkologie dagegen für die seelischen. Immer mehr Vertreter beider Seiten erkennen, wie wichtig es wäre, dass sie zusammenarbeiten – doch die selbstverständliche Verflechtung beider Wissenschaften fehlt noch. Noch arbeiten sie nebeneinander, ohne sich aufeinander abzustimmen. Als Betroffene(r) oder Angehörige(r) stehen Sie dazwischen – dieses Buch soll Ihnen helfen, sich aus der Situation „zwischen den Stühlen" zu befreien.

Ein wichtiger Wissenschaftsbegriff in der Medizin ist die „Interaktion" – das Mit- und Gegeneinanderwirken verschiedener Therapiekonzepte, Medikamente usw. Eine besondere Aufgabe der komplementären Medizin bei Krebs besteht darin, dieses Miteinander zu praktizieren und die unterschiedlichen Therapien aufeinander abzustimmen. Das bezieht auch die konventionellen Krebstherapien ein – zum Beispiel, um deren nachteilige Nebenwirkungen durch eine biologische Begleitmedikation so weit wie möglich aufzuheben. Zur Lebensqualität gehört ja außer der körperlichen Unversehrtheit auch seelisches Wohlbefinden und geistige Präsenz – womit wir zu einer wichtigen Unterscheidung kommen.

Eine besondere Aufgabe der komplementären Medizin bei Krebs besteht darin, das Miteinander verschiedener Therapiekonzepte zu praktizieren und die unterschiedlichen Therapien aufeinander abzustimmen.

Vermutlich geht es Ihnen ähnlich wie den meisten modernen Menschen, die keinen Unterschied zwischen Seele und Geist kennen. Auch die Psychologie trennt hier nicht scharf. Das liegt vielleicht daran, dass beides mit dem Wort „Psyche" bezeichnet wird. Die alten Griechen trennten jedoch noch Seele („Psyche" – was interessanterweise auch Atem bedeutete) und Geist („Pneuma"). Erst im zehnten Jahrhundert nach Christus wurde durch ein Konzil der katholischen Kirche beschlossen, von einem eigenständigen Geist im Menschen nicht mehr zu sprechen. Bis dahin galt die so genannte „Trichotomie" – die Ganzheit des Menschen von Körper, Seele und Geist. Ich halte es nicht zuletzt im Hinblick auf die Krebstherapie für wichtig, diese Dreiheit wieder zu entdecken.

Der Geist

Der Geist zeigt sich in unserer Persönlichkeit, in unserem wachen, „geistesgegenwärtigen" Bewusstsein. Wir bezeichnen ihn mit dem Wort „Ich" – denn er macht unsere Individualität aus. Er ist das gesunde Prinzip in uns, von dem alle Impulse für unser Denken und Handeln ausgehen sollten. In früheren Zeiten sprach man auch von dem Ewigen im Menschen, dem göttlichen Funken oder der Entelechie (Aristoteles).

In unserer Zeit, wo sich fast alle Denk- und Willenskraft auf das Materielle richtet, ist der Geist weitgehend in Vergessenheit geraten. Das darf aber nicht so bleiben, besonders nicht im Zusammenhang mit der Krebskrankheit! Zu dieser Erkenntnis führen immer häufiger wissenschaftliche Untersuchungen – auch wenn sie das Wort „Geist" nicht benutzen. So konnte zum Beispiel der Heidelberger Psychosomatiker und Epidemiologe Prof. Dr. Grossarth-Maticek in einer 30-jährigen Erhebung der Langzeitverläufe von Krebskranken zeigen, dass diejenigen Menschen die besten Heilungschancen hatten, bei denen er eine hohe „Autonomie" feststellte. Damit meinte er die Fähigkeiten,

Die besten Chancen haben Krebskranke, die sich mit eigener Kraft und oft mit ganz eigenen, unkonventionellen therapeutischen Ideen ihrer Krankheit entgegenstellen.

- aus eigener Überzeugung zu handeln,
- sich selbst zu bestimmen und
- im Einklang mit sich zu sein.

Ein anderes Beispiel: Prof. Dr. Lynn Payer aus den USA hat zahlreiche so genannte Spontanheilungen von Krebs sowie überraschend gut verlaufende Krebserkrankungen untersucht, bei denen Krebsexperten eigentlich eine ganz schlechte Entwicklung vorausgesagt hatten. Durch viele lange Interviews kam sie zu einer klaren Feststellung: Die besten Chancen haben Krebskranke, die sich mit eigener Kraft und oft mit ganz eigenen, unkonventionellen therapeutischen Ideen ihrer Krankheit entgegenstellen. Sie verdrängen sie nicht, sondern sehen sie als Gelegenheit, um in ihrem Leben längst als notwendig erkannte, aber nie vollzogene Änderungen endlich umzusetzen.

Aus genau dieser Sicht hat Prof. Dr. Lawrence LeShan aus den USA, einer der ersten und bedeutendsten Psychoonkologen, einem seiner lesenswerten Bücher den Titel „Diagnose Krebs – Wendepunkt und Neubeginn" gegeben. Auch meine eigene, mehr als 30-jährige Praxis mit Krebspatienten hat immer wieder bestätigt: Die Wahrscheinlichkeit, die

Erkrankung zu überwinden wird sehr viel größer, wenn der/die Betroffene in der Krebskrankheit eine Möglichkeit erkennt, neue Lebenschancen wahrzunehmen, neue Perspektiven zu gewinnen, neu zu gewichten, was im Leben wichtig und was unwichtig ist. Der Arzt sollte dabei helfen, ein Ziel zu definieren, für das ein Weiterleben, ein Neubeginn lohnt.

LeShan hat in seiner langen Praxis als Psychoonkologe und Psychotherapeut beobachtet, dass die meisten Krebskranken im fortgeschrittenen Stadium eine tiefe Hoffnungslosigkeit aufweisen – und dass sie den Sinn des eigenen Lebens verloren haben, dass sie sich den Sinn immer mehr von anderen vorgeben lassen. LeShan nennt das den „Verlust der eigenen Lebensmelodie“. Wenn es aber dem Arzt gemeinsam mit dem Patienten gelingt, dass dieser seine Melodie wieder entdeckt und sie mutvoll wieder „spielen“ lernt (das heißt: ihr entsprechend lebt), kommt es immer wieder zu überraschenden, oft an ein Wunder grenzenden Heilungen scheinbar unheilbarer Krankheitszustände. Bitte beachten Sie dazu auch die Literaturhinweise hinten in diesem Buch.

Wenn der Patient seine Lebensmelodie wieder entdeckt, kommt es oft zu überraschenden Heilungen.

Aus allen diesen Beispielen lässt sich eine wichtige gemeinsame Schlussfolgerung ziehen: Sie haben ein Recht auf Autonomie! Auf Selbstbestimmung, wenn es um Ihre Krebstherapie geht. Lange Zeit war es üblich, dass der Arzt oder die Wissenschaft allein bestimmte, was das Richtige sei – Sie als Patient(in) wurden gar nicht gefragt. Hatten Sie eine eigene Vorstellung, wurden sie womöglich als „Problempatient“ eingestuft. Heute setzt sich auch unter Medizinern allmählich die Erkenntnis durch, dass die richtige Therapie *nur* aus der Gleichberechtigung aller Beteiligten heraus gefunden werden kann. Und die Hauptrolle spielen Sie, niemand sonst!

Heute können Sie zum Beispiel darauf bestehen, zusätzlich zu den schulmedizinischen Maßnahmen biologische Krebstherapien einzubeziehen. Allerdings zielt die Politik, beeinflusst von starken ideologischen Kräften, zurzeit in eine Gegenrichtung. Durch Positiv- und Negativlisten, durch Arzneimittel- und Heilmittelrichtlinien wird zunehmend festgelegt, welche Therapien und Arzneien Ihnen die Krankenkasse bezahlt und für welche Sie selber aufkommen müssen. Leitlinien schreiben den Ärzten vor, wie sie eine Krankheit zu behandeln haben. Achten Sie bitte mit darauf, dass Ihre

Heute können Sie zum Beispiel darauf bestehen, zusätzlich zu den schulmedizinischen Maßnahmen biologische Krebstherapien einzubeziehen.

Autonomie nicht beschnitten wird, dass Ihre Grundrechte erhalten bleiben und dass wir nicht plötzlich in einer Staatsmedizin leben, wie sie schon in vielen anderen Ländern Schiffbruch erlitten hat.

Die Seele

Im Unterschied zur Einheitlichkeit des Geistes ist unsere Seele differenzierter – häufig geradezu zwiespältig. In der Seele erleben wir Licht und Schatten, Heiterkeit und Trauer, Frohsinn und Trübsinn, in ihr leben unsere Leidenschaften, Triebe, Instinkte, Emotionen. Während unser Geist, das Ich, das gesunde Prinzip in unserem Inneren ist, kann die Seele erkranken – dann spricht man von seelischen, von psychischen oder von Gemütskrankheiten.

In der Seele erleben wir Licht und Schatten.

Leiden, die lange als „Geisteskrankheiten" bezeichnet wurden, betreffen also gar nicht das Geistige, unser Ich – sondern die Seele. Hin- und hergerissen können wir sein, himmelhoch jauchzend und zu Tode betrübt. Im ständigen Wechselspiel zwischen Seele und Körper bilden sich Krankheiten, die einmal mehr das Seelische betreffen, ein anderes Mal mehr das Körperliche. Bei genauer Betrachtung hat jede Krankheit einen solchen „psychosomatischen" Anteil – und das gilt ganz besonders für die Krebskrankheit. Ein seelisches Phänomen ist für sie geradezu charakteristisch: die mit ihr verbundene *Angst*.

Ich kann Ihnen nicht erklären, warum gerade bei dieser Krankheit eine Angst auftritt, die den Betroffenen oft so beherrscht, dass er an nichts anderes mehr denken kann. Alles, was im Körper ungewohnt auftritt, wird sofort mit dem Krebs in Zusammenhang gebracht.

Lassen Sie mich aus meiner Praxis berichten. Viele Krebskranke, die von Angst gequält wurden, haben mir gesagt: „Ich habe nicht Angst vor dem Tod, sondern vor den Schmerzen und Leiden, die mit Krebs verbunden sein können." Und doch habe ich immer wieder als eine der ersten Fragen von Menschen, denen ich die Diagnose Krebs mitteilen musste, gehört: „Wie lange habe ich noch zu leben?" Bei keiner anderen Krankheit wird diese Frage so oft und so früh gestellt. Dabei sind viele andere Krankheiten mindestens genauso bedrohlich: die Multiple Sklerose mit drohender Lähmung und einem Leben im Rollstuhl, der chronische Rheumatismus mit nie endenden Schmerzen, ein Herzklappenfehler ...

Die Angst lässt sich nicht einfach verdrängen – aber durch eine Auseinandersetzung mit dem besonderen Wesen der Krebskrankheit bewältigen.

Um die Angst zu besiegen, machen Sie sich bitte klar, dass sie nicht ohne Grund auftritt. Sie lässt sich nicht einfach verdrängen – aber durch eine Auseinandersetzung mit dem besonderen Wesen der Krebskrankheit bewältigen. Ich halte es für wahrscheinlich, dass sie uns lehren will zu realisieren, dass wir als Menschen sterblich sind. Dass der Tod untrennbar zum Leben gehört. Wir haben den Tod aus dem Leben verdrängt, aus unserem eigenen und aus dem gesellschaftlichen Leben – auch in den Krankenhäusern. Der Tod scheint für die moderne Medizin, der alles „machbar“ erscheint, nichts weiter zu bedeuten als eine Niederlage.

Meiner Ansicht nach gehört es zur Autonomie eines Menschen, sich schon früh in seinem Leben damit auseinander zu setzen, dass er einmal sterben wird. Sich auf seinen Tod vorzubereiten. Ich persönlich versuche, alles in meinem Leben jederzeit so geordnet zu haben, dass ich ganz plötzlich „von der Bühne des Lebens abtreten“ könnte, so wie es tagtäglich vielen Menschen passiert. Das funktioniert natürlich nicht bis in jedes kleine Detail – aber das Grundsätzliche ist geregelt. Das gibt mir die Freiheit, mein Leben entspannter und mit mehr Freude zu führen. Und frei von Angst.

Darüber hinaus können Sie auch mit Mitteln der Naturheilkunde wirksam gegen die Angst vorgehen und damit die Heilungschancen deutlich verbessern – mehr dazu ab Seite 62.

Krankheit als Frage – Therapie als Antwort

Im vorigen Abschnitt habe ich Sie ziemlich weit auf weltanschauliches Gebiet hinausgeführt. Lassen Sie uns noch kurz dort bleiben, bevor wir uns den konkreten therapeutischen Möglichkeiten der Schulmedizin und der komplementären Medizin zuwenden. Denn Sie werden gleich sehen, wie wichtig die Sinnfrage für eine erfolgreiche Behandlung von Krankheiten ist – und ganz besonders von Krebs.

Sie werden vielleicht fragen: „Hat denn Krankheit überhaupt einen Sinn? Was hat sie mit mir zu tun? Will sie etwas von mir?" Ich persönlich bin überzeugt: Jede Krankheit stellt eine Frage an uns – und die Therapie beschreibt den Weg, eine Antwort darauf zu finden. Heilung bedeutet, die alles entscheidende Antwort gefunden zu haben.

Ihr individuelles Therapiekonzept beschreibt Ihr Ziel – und den Weg, wie Sie es aus Ihrer konkreten Situation heraus am besten erreichen.

Ich weiß, die Schulmedizin sieht das nicht so. Für sie ist Krankheit ein Defekt, ein Betriebsunfall, ein Kurzschluss oder welche technischen Bezeichnungen auch immer gewählt werden. Diese Anschauung hat dazu geführt, dass immer mehr Menschen die Medizin als Reparaturbetrieb erleben – dass sie sich austauschbar fühlen. Für die Schulmedizin ist der Patient ein „Fall", der behandelt wird wie alle anderen mehr oder weniger identischen Fälle. In Wirklichkeit aber ist jede Patientin und jeder Patient ein besonderer Mensch mit *seiner* persönlichen Krankheit – auf die eine ganz persönliche Antwort gefunden werden muss.

Ich gebe gerne zu, dass das mechanistische Denken der Schulmedizin verführerisch einfach ist. Daher hat es längst auf die meisten Menschen übergegriffen. Vielleicht wünschen auch Sie eine rasche, perfekte „Reparatur" – möglichst mit Garantie, wie Sie es von der Autowerkstatt gewohnt sind? Bitte lassen Sie sich nicht auf diese Weise zum Objekt erniedrigen. Wie jeder einzelne andere Mensch sind auch Sie kein Apparat und kein Automat. Ich bin mit vielen anderen Ärzten, Psychologen, Psychotherapeuten und anderen Angehörigen medizinischer Berufe davon überzeugt, dass jede Krankheit einen tiefen Sinn für genau denjenigen Menschen hat, den sie trifft. Und für sein familiäres und soziales Umfeld.

Jede Krankheit, die Sie befällt, ist eine Aufforderung, über Ihr Leben, Ihre Ziele und Ihre Vorstellungen neu nachzudenken. Eine Aufforderung, Bilanz zu ziehen und möglicherweise ganz neue Entschlüsse zu fassen. Nur einen Fehler dürfen Sie dabei nicht machen: Bringen Sie die Krankheit nicht mit Schuld oder gar mit Sünde in Verbindung, wie es früher die Kirchen taten. Krankheit ist eine Möglichkeit, zu lernen, sich fortzuentwickeln und ganz neue Inhalte und Dimensionen des Lebens zu entdecken – einschließlich der Möglichkeit des Todes. Mehr als die meisten anderen Erkrankungen ist die Diagnose Krebs ein Wendepunkt und Neubeginn, wie

LeShan es nannte. Und deshalb ist jede wirklich ganzheitliche Therapie der Krebskrankheit eine Verbindung von Maßnahmen, die auf den Körper und die Seele zugleich wirken.

Und was ist mit dem Geist? Als das gesunde Grundprinzip Ihrer Individualität ist er die Kraft, die Sie gegen den Krebs einsetzen können. Jede Krebstherapie muss individuell konzipiert werden – maßgeschneidert für den Erkrankten. Natürlich werden dabei Maßnahmen getroffen, die sich bei anderen Betroffenen bewährt haben – konventionelle und biologische Krebstherapien. Sie und Ihr Arzt müssen durch viele Gespräche und gemeinsame Überlegungen aus dem großen Angebot an Möglichkeiten Ihr individuelles Konzept „schneidern“. Dieses Konzept beschreibt Ihr Ziel – und den Weg, wie Sie es aus Ihrer konkreten Krankheitssituation heraus am besten erreichen.

Jede Krankheit, die Sie befällt, ist eine Aufforderung, über Ihr Leben, Ihre Ziele und Ihre Vorstellungen neu nachzudenken.

Etliche der möglichen Therapien beschreibe ich in den nächsten Kapiteln. Dabei liegt der Schwerpunkt auf den komplementären Therapien, denn darüber erfahren Sie im Allgemeinen durch Ärzte weniger als über die Methoden der Schulmedizin. Lassen Sie mich diese zunächst kurz streifen.

Wie behandelt die Schulmedizin?

Chirurgische Krebstherapie

Chemotherapie

Bestrahlungstherapie

Sonstige konventionelle Krebstherapien

Wie behandelt die Schulmedizin?

Das Ziel der konventionellen, streng „schulmedizinischen" Onkologie ist es fast ausschließlich, den Tumor und Tochtergeschwülste vollständig zu vernichten. Wenn das gelingt, spricht man von einer „Vollremission" – eine nur teilweise Befreiung von Geschwülsten bezeichnet man als „Teilremission". Von einer „palliativen Therapie" spricht man, wenn die Geschwulstbildung nicht mehr zu beeinflussen ist. Natürlich bemüht sich die Schulmedizin auch, ein erneutes Auftreten von Tumoren zu verhindern, aber es gibt dafür keine speziellen Therapien. Ist die Krebsgeschwulst erst einmal vernichtet und verschwunden, kann ein rein schulmedizinisch orientierter Therapeut nicht mehr viel tun – das große Warten beginnt.

Die konventionelle Tumorvernichtung hat oft erhebliche Auswirkungen auf gesunde Zellen und intaktes Gewebe. Für das hauptsächliche Ziel der Geschwulstvernichtung müssen Sie daher mit einer Beeinträchtigung des Befindens und der gesamten Lebensqualität rechnen. Natürlich werden die behandelnden Ärzte alle Anstrengungen unternehmen, diese unerwünschten Wirkungen so gering wie möglich zu halten.

Ein geschwulstfreier Körper und ein längeres Überleben sind Hauptziele der konventionellen Krebstherapie.

Ein weiteres Ziel der schulmedizinischen Krebstherapie besteht darin, das Überleben des Patienten zu verlängern. Aber um welchen Preis? Diese Frage wurde lange Zeit viel zu selten gestellt. Fast jeder Krebskranke wünscht sich eine solche Lebensverlängerung, um beispielsweise noch bestimmte Dinge zu regeln oder abzuschließen. Aber ist es für Sie nicht auch wichtig, welche Qualität Ihr Leben in der verbleibenden Zeit hat – für Sie selbst und für Ihre Angehörigen?

Ein geschwulstfreier Körper und ein längeres Überleben sind also Hauptziele der konventionellen Krebstherapie. Hier gilt die Überlebenszeit sogar als Kriterium für die Heilung: Lebt ein Patient zum Beispiel fünf Jahre nach der Diagnosestellung noch, so gilt er für die Statistik als geheilt – selbst wenn er im sechsten Jahr stirbt.

Die drei Hauptelemente der konventionellen Krebstherapie werden im Fachjargon oft mit „Stahl" (Chirurgie), „Strahl" (Bestrahlung) und „Chemie"

(Chemotherapie) bezeichnet. Jedes dieser Elemente soll nachstehend kurz charakterisiert werden. Dabei versuche ich immer, beide Seiten der Medaille anzusprechen – die Möglichkeiten und die Grenzen. Das gilt übrigens auch für meine späteren Ausführungen zu den Therapieelementen der biologischen Medizin.

Bei dieser Beschreibung ist eine persönliche Bewertung unvermeidbar, aber ich werde mich selbstverständlich bemühen, die verschiedenen Therapien objektiv zu charakterisieren und die Ergebnisse der konventionellen Wissenschaft zu berücksichtigen. Ich stütze mich dabei auf lange Erfahrung mit der Krebskrankheit, mit ihrer Diagnose und Therapie sowie insbesondere mit dem krebskranken Menschen – die Krebsbehandlung war der Schwerpunkt meiner mehr als 30-jährigen Tätigkeit als Leitender Krankenhausarzt.

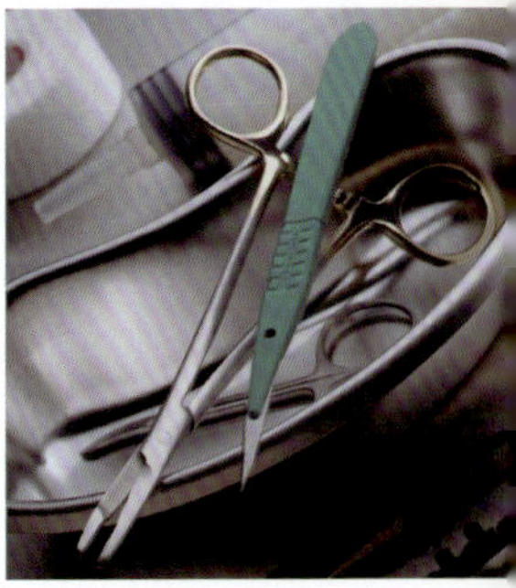

In den allermeisten Fällen ist es richtig und wichtig, die Krebsgeschwulst chirurgisch zu entfernen.

Chirurgische Krebstherapie

Sie fragen sich vermutlich, ob Sie sich operieren lassen sollen – beziehungsweise, ob Ihre Entscheidung für eine Operation richtig war. In den allermeisten Fällen ist es richtig und wichtig, die Krebsgeschwulst chirurgisch zu entfernen. Denn dann kann die weitere Therapie erfolgreicher sein, weil sie jetzt gegen weniger Krebszellen im Körper ankämpfen muss.

Bitte machen Sie sich aber auch klar, dass mit der Entfernung des Tumors der Krebs noch nicht besiegt ist. Wenn eine Geschwulst erst einmal so groß geworden ist, dass sie operiert werden kann, dann hat sich die Krebskrankheit längst im Körper ausgebreitet, auch wenn die Aussiedlungen noch mikroskopisch winzig und deshalb mit unseren heutigen Messmethoden nicht nachweisbar sind (so genannte „Mikrometastasen“).

Die chirurgische Entfernung des Tumors führt zu einer Entlastung des Organismus, weil dieser wieder eine bessere Chance bekommt, mit seinem

Immunsystem eine weitere Ausbreitung der Krankheit zu verhindern. Andererseits bedeutet jeder operative Eingriff für den Körper Stress und für das Immunsystem eine starke Belastung. Deshalb sollte jeder chirurgische Eingriff bei Krebs von immunfördernden Therapien begleitet werden. Neueste Untersuchungen bei Patienten mit Darmkrebs haben zum Beispiel nachgewiesen, dass die Immunschwäche nach der Operation durch eine begleitende Misteltherapie wesentlich schneller wieder ausgeglichen werden konnte als bei Patienten, die eine solche Begleittherapie nicht erhielten.

Chirurgische Eingriffe bei Krebstumoren sind oft lebensrettend – zum Beispiel, wenn die Geschwulst den Darm oder den Magenausgang, die Speiseröhre oder den Gallenwegseintritt in den Dünndarm verschließt. In solchen Situationen muss die Operation schnellstmöglich ausgeführt werden.

Dagegen ist bei vielen Krebsoperationen ein frühestmöglicher Termin keinesfalls notwendig, obwohl das häufig behauptet wird. Das gilt unter anderem bei Brust- oder Gebärmutterkrebs, bei Lungen- oder Bauchspeicheldrüsenkrebs. Hier empfiehlt es sich, einen günstigen Termin zu finden, der Ihnen ermöglicht, sich in aller Ruhe vorzubereiten und auf den Eingriff einzustellen – damit Sie zum Beispiel ausreichend Zeit haben, eine Immuntherapie einzuleiten. Leider werden Patienten immer wieder zur Eile gedrängt. Sie haben dann keine Zeit, zuerst einmal die niederschmetternde Diagnose zu verdauen, sich damit auseinander zu setzen und sich psychisch darauf einzustellen. Ihr Leben hat sich mit einem Schlag radikal verändert und völlig neue Schwerpunkte bekommen – jeder Mensch braucht in dieser Situation eine Neuorientierung.

Ich kann nur immer wieder raten, den Zeitpunkt einer Operation in die Gesamtplanung der Therapie einzubeziehen und sich die notwendige Zeit für eine gute Vorbereitung zu nehmen – wenn keine akut lebensbedrohende Situation vorliegt. Die Zeit dafür ist fast immer vorhanden, denn der Tumor ist schließlich nicht über Nacht gewachsen. Sie haben den Begriff der Tumorverdoppelungszeit bereits kennen gelernt. Sie wissen, dass es viele Jahre brauchte, bis der Tumor so groß geworden war, dass er überhaupt entdeckt werden konnte. Und nun wächst er nicht plötzlich doppelt so schnell! Lassen Sie sich also nicht unnötig unter Zeitdruck setzen.

Sie sollten zusammen mit Ihrem Hausarzt oder einem anderen Therapeuten Ihres Vertrauens versuchen, den für den notwendigen chirurgischen Eingriff bestmöglichst geeigneten Arzt zu finden. Die Qualität einer Operation hängt nicht nur von dem Geschick und der wissenschaftlichen Reputation eines Chirurgen ab, sondern auch von seiner Erfahrung mit einem solchen Eingriff.

Lassen Sie mich diesen Abschnitt zusammenfassen: Wenn eine operative Entfernung der Krebsgeschwulst möglichst schonend für den Organismus möglich ist, sollte sie durchgeführt werden – aber erst nach sorgfältiger Planung, unter bestmöglichen Bedingungen und nach einer Prüfung, ob eine begleitende Immuntherapie sinnvoll ist, damit negative Einflüsse der Operation auf das Immunsystem so gering wie möglich gehalten werden. Der Organismus und sein Immunsystem werden durch die Entfernung der Geschwulst entlastet und die Möglichkeiten und Chancen der anschließenden Therapien verbessert.

Chemotherapie

Die für eine Chemotherapie verwendeten Arzneimittel gehören zur großen Gruppe der Zytostatika, was übersetzt etwa „Zellwachstumshemmer" bedeutet. Es gibt heute eine sehr große Zahl solcher Zytostatika, auf deren zum Teil wesentliche Unterschiede ich hier nicht näher eingehen möchte. Je nach der Krebszellart und ihrem Wachstum werden diese Arzneimittel sehr differenziert eingesetzt. Sie hemmen das Zellwachstum und können die Zelle auch zum Absterben bringen, sodass auch größere Geschwülste völlig verschwinden können („Remission"). Im Idealfall werden auch die letzten vorhandenen Krebszellen, also auch die erwähnten Mikrometastasen, vollständig vernichtet, sodass der Körper wieder krebszellfrei ist („totale Remission").

Zytostatika hemmen das Zellwachstum und können die Zelle auch zum Absterben bringen, sodass auch größere Geschwülste völlig verschwinden können („Remission").

Ob das gelungen ist, kann nur durch Beobachtung des weiteren Verlaufs überprüft werden, da es noch keine Methode gibt, winzige Krebszellnester aufzuspüren. Wenn eine Chemotherapie, die meistens aus mehreren Zyklen besteht, abgeschlossen ist, beginnt für die konventionelle Krebstherapie die Zeit des Wartens und der damit verbundenen Überwachung, die auch als „Krebsnachsorge“ bezeichnet wird. Treten neue Krebsgeschwülste auf, kann evtl. eine weitere Chemotherapie durchgeführt werden.

Die Grenzen der Chemotherapie müssen Sie darin sehen, dass sie nur auf der zellulären Ebene der Krebskrankheit wirkt und immunologische, seelische und geistige Aspekte nicht berücksichtigen kann. Jedes Zytostatikum hat außerdem unerwünschte Nebenwirkungen unterschiedlicher Art und Intensität. Das größte Problem ist die Unfähigkeit der Präparate, eindeutig zwischen normalen Körperzellen und Krebszellen zu unterscheiden. Zytostatika greifen daher auch gesunde Zellen an, vor allem solche mit hoher Teilungsgeschwindigkeit, also Blut- und Schleimhautzellen.

Bei der Polychemotherapie werden mehrere Zytostatika unterschiedlicher Wirkungsart zusammen angewendet.

Aber auch Organzellen können durch eine Chemotherapie geschädigt werden – Herzmuskelzellen zum Beispiel. Deshalb wurde die so genannte „Polychemotherapie“ entwickelt, bei der mehrere Zytostatika unterschiedlicher Wirkungsart zusammen angewendet werden. Das hat den Vorteil, dass jedes einzelne Mittel niedriger dosiert werden kann und dass somit die unerwünschten Wirkungen geringer ausfallen.

Weitere Nebenwirkungen der Chemotherapie betreffen das Befinden des Patienten: Am häufigsten treten Übelkeit und Erbrechen, Haarausfall, starke Leistungsverminderungen oder depressive Verstimmungen auf. Diese Nebenwirkungen sind bei den einzelnen Zytostatika sehr verschieden und werden vor der Anwendung mit dem Patienten genau besprochen. Auch sind eine ganze Reihe von Arzneimitteln entwickelt worden, die solche unerwünschten Wirkungen abschwächen. Heute bilden die Chemo- und Polychemotherapien das Grundkonzept der konventionellen Krebstherapie und werden neben der Operation am häufigsten angewendet.

Zusammenfassung: Chemo- oder Polychemotherapien eröffnen die Chance, auf der zellulären Ebene der Krebskrankheit Erfolge bis zum völligen Verschwinden nachweisbarer Geschwülste zu erzielen. Sie haben allerdings häufig Nebenwirkungen, die Ihre Befindlichkeit und damit Ihre Lebensqualität beeinträchtigen können. Und sie haben keinerlei positiven Einfluss auf die immunologische, seelische und geistige Ebene der Krebskrankheit. Das heißt, sie können nur <u>einen</u> Aspekt einer ganzheitlichen Krebstherapie darstellen – einer Therapie, die nicht nur die Geschwulst vernichten, sondern die Sie von dieser Krankheit wirklich heilen möchte.

Bestrahlungstherapie

Dieser Therapieform stehe ich nach allen persönlichen Erfahrungen am skeptischsten gegenüber – vor allem der so genannten „systemischen", das heißt meist großflächigen Bestrahlung. Deren erklärtes Ziel ist, auch kleinste Zellnester oder beispielsweise in den Lymphspalten wandernde Krebszellen zu vernichten. Dabei wird allerdings noch weniger zwischen Krebszelle und gesunder Zelle unterschieden als bei der Chemotherapie – entsprechend groß können die lang anhaltenden, nicht selten sogar dauerhaften Schädigungen im Bestrahlungsfeld sein. Die schwerwiegendste unerwünschte Wirkung ist eine Schädigung des Lymphsystems, die das Lymphödem verursacht – eine Stauung der Lymphe. Hinzu kommt, dass die Befindlichkeit durch die Bestrahlung in ähnlicher Weise gestört wird wie bei der Chemotherapie. Auch hier sind Übelkeit und starke Ermüdbarkeit häufige Nebenwirkungen – man spricht auch vom „Strahlenkater".

Bei der Bestrahlung wird noch weniger zwischen Krebszelle und gesunder Zelle unterschieden als bei der Chemotherapie.

Die lebensvernichtenden Wirkungen der radioaktiven Strahlung kennt jeder spätestens seit dem schweren Reaktordefekt in Tschernobyl, die Älteren schon seit den Atombombeneinsätzen in Hiroshima und Nagasaki. Dieselbe Wirkung hat im Kleinen jede Bestrahlung des menschlichen Körpers! Der Nobelpreisträger für Medizin, Prof. Dr. Günter Blobel, schrieb einmal, dass wir heute mit Atombomben auf Krebszellen werfen, ohne dass jene den Unterschied von Krebszelle und gesunder Zelle kennen würden. Bis heute konnte keine der vielen wissenschaftlichen Studien zeigen, dass durch Bestrahlung die Krebskrankheit geheilt werden kann. Was man erreicht, sind immer nur Verlängerungen der Lebenszeit oder Verbesserungen von Remissionen.

Es gibt aber auch sinnvolle Bestrahlungskonzepte, zum Beispiel die nur örtliche Bestrahlung von Knochenmetastasen, durch die eine Festigung der Knochen („Sklerosierung") und oft eine deutliche Schmerzlinderung erreicht werden können. Auch gibt es bestimmte Hirntumoren, die am sichersten durch Bestrahlung verkleinert werden können. Das gilt auch für bestimmte Tumoren des Lymphsystems („Lymphome"), zum Beispiel im Bereich des Magens.

Lassen Sie mich zusammenfassen: Eine Bestrahlungstherapie sollte grundsätzlich besonders sorgfältig abgewogen werden, da ihre nachteiligen Wirkungen lang anhaltend sind und sogar dauerhaft sein können. Sie sollte am besten nur örtlich und kleinflächig erfolgen, etwa bei der Therapie isolierter Knochenmetastasen. Die immunsuppressive Wirkung der Bestrahlung ist erheblich und wird leider leicht übersehen.

Eine Bestrahlungstherapie sollte am besten nur örtlich und kleinflächig erfolgen, etwa bei der Therapie isolierter Knochenmetastasen.

Sonstige konventionelle Krebstherapien

Neben „Stahl, Strahl und Chemie" sind die Hormontherapien gegen Krebs am bekanntesten – vor allem diejenigen, die sich gegen die Wirkung von Geschlechtshormonen richten. Wenn man zum Beispiel davon ausgeht, dass ein Brustkrebs durch Östrogene in seinem Wachstum gefördert wird, werden Antiöstrogene (am bekanntesten: Tamoxifen) eingesetzt. Fördern männliche Geschlechtshormone (Androgene) zum Beispiel das Wachstum vom Prostatakrebs, werden Antiandrogene verabreicht. Das kann natürlich erhebliche Auswirkungen auf die Lebensqualität haben, weil die Östrogene und die Androgene für das Befinden von großer Bedeutung sind. Besonders oft kommt es zu einem Verlust der Libido, oder es treten depressive Verstimmungen und Antriebslosigkeit auf. Auch hier muss man also immer zwischen Nutzen und Nebenwirkung gut abwägen.

Gegen Knochenmetastasen werden häufig Biphosphonate eingesetzt, die auch hormonähnlichen Charakter haben und das Metastasenwachstum hemmen können. Interferone werden bei bestimmten Leukämieformen (z. B. Haarzellleukämie) gegeben. Sehr häufig werden auch Kortisone eingesetzt, zum Beispiel in Kombination mit Zytostatika. Alle diese Mittel haben eine unerfreuliche Eigenschaft gemeinsam: sie schwächen das Immunsystem.

Lassen Sie mich die Beschreibung der schulmedizinischen Verfahren an dieser Stelle beenden und zur biologischen Krebstherapie übergehen. Natürlich können in diesem Ratgeber nur einige ausgewählte Beispiele der konventionellen Krebsbehandlung beschrieben werden. Wenn Sie mehr darüber wissen möchten, beachten Sie bitte die Literaturhinweise am Ende des Buches.

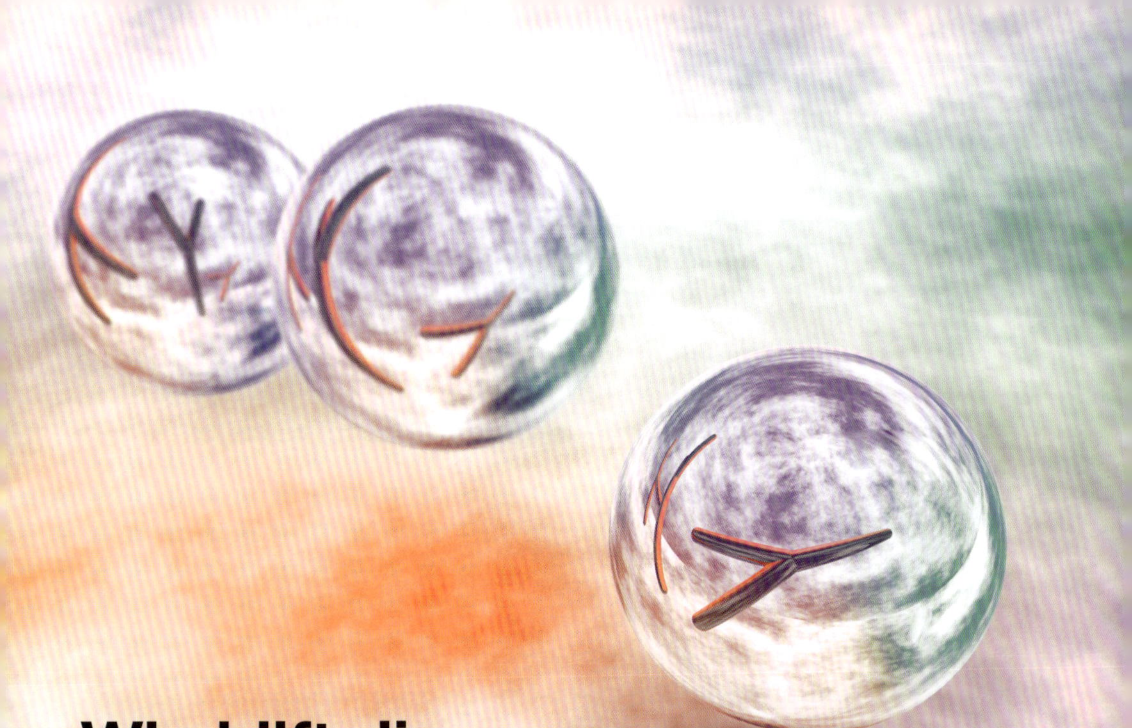

Wie hilft die biologische Krebstherapie?

Arzneimittel der biologischen Krebstherapie

Weitere therapiebegleitende Arzneimittel

Die Ganzkörperhyperthermie

Bewegungs- und Kunsttherapien

Wie hilft die biologische Krebstherapie?

Das Wort „komplementär" bedeutet: ergänzend. Das heißt, dass die im Folgenden beschriebenen komplementären Therapiemöglichkeiten die konventionelle Krebstherapie nicht überflüssig machen und ersetzen wollen. Aber alle Vertreter einer komplementären Medizin sind der Auffassung, dass eine ausschließlich auf Naturwissenschaft gegründete Medizin wesentliche Teile des Menschseins ausblendet. Denn sie beschränkt sich ganz auf die mechanischen, chemischen und physikalischen Gegebenheiten des Körpers.

Diese Fokussierung wäre kein Problem, wenn nicht eine solche (freiwillige!) Beschränkung zum Maß aller Dinge erhoben würde. Dabei sollte doch zu Beginn des 21. Jahrhunderts eigentlich als selbstverständlich gelten, dass der Patient mehr ist als die Summe aller medizinischen Befunde. Wenn durch eine ganzheitliche Sicht auf den Menschen auch seine seelischen und geistigen Seiten erfasst werden, müssen allerdings wie der Körper auch diese einer wissenschaftlichen Erforschung unterzogen werden.

Schon in naher Zukunft werden die konventionelle und die komplementäre Krebstherapie nicht mehr als ein Nebeneinander, als ein Entweder-oder erscheinen, sondern als zwei Seiten eines Ganzen allgemein anerkannt sein.

Hier liegt ein nicht unberechtigter Vorwurf der Schulmediziner gegenüber den Vertretern der Komplementärmedizin. Denn deren wissenschaftliche Arbeit hat lange brachgelegen. Erst in letzter Zeit gibt es eine immer intensivere Forschung der komplementärmedizinischen Verfahren und ihrer Wirksamkeit. Allerdings müssen die geeigneten Forschungsmethoden häufig erst noch entwickelt werden – man kann die seelischen und geistigen Anteile eines Menschen nicht einfach messen wie etwa den Blutdruck oder den Cholesterinspiegel. Das müssen auch Schulmediziner einsehen.

Bitte lassen Sie mich noch einmal betonen: Alles, was in diesem Kapitel dargestellt wird, kann zur Ganzheit einer Krebstherapie seinen jeweiligen Beitrag leisten – nichts ist für sich allein wirklich sinnvoll. Schon in naher Zukunft werden die konventionelle und die komplementäre Krebstherapie nicht mehr als ein Nebeneinander, als ein Entweder-oder erscheinen, sondern als zwei Seiten eines Ganzen allgemein anerkannt sein. Bis es so weit ist, bestehen Sie bitte darauf, dass Ihnen neben den schulmedizinischen Therapiemöglichkeiten auch die komplementärmedizinischen erläutert und angeboten werden.

Natürlich werden Sie auch in diesem Kapitel nicht alles dargestellt finden, was auf dem Markt angeboten wird. Ich lege den Schwerpunkt meiner Beschreibung auf solche Therapien und Arzneimittel, die rationalen Charakter haben – das heißt, dass deren therapeutische Wirksamkeit verständlich begründet und kritisch überprüft werden kann. Auch dabei werde ich mich häufig auf die Ergebnisse wissenschaftlicher Studien stützen. Sie werden aber ergänzt durch das ärztliche Erfahrungswissen, das sich auf die praktische Erfahrung vieler einzelner Ärzte stützt – natürlich einschließlich meiner eigenen, über 30-jährigen Erfahrung in der Krebsbehandlung.

Arzneimittel der biologischen Krebstherapie

Die Misteltherapie

Sicher haben Sie schon von der Misteltherapie bei Krebs gehört. Sie ist nach allen Umfragen die bekannteste der komplementären Krebstherapien und findet immer größere Beachtung. Daher stelle ich sie hier von allen therapeutischen Maßnahmen am ausführlichsten dar.

Die Mistel wächst auf Laub- und Nadelbäumen und tauscht sich mit deren Stoffwechsel aus.

Die weißbeerige Mistel (*Viscum album*) stammt aus der großen Familie der Mistelgewächse und kommt in der für die Therapie verwendbaren Art hauptsächlich in Mitteleuropa vor. Sie wächst auf Laub- und Nadelbäumen und tauscht sich offensichtlich mit deren Stoffwechsel aus. Sie wird oft als Halbschmarotzer bezeichnet, was streng botanisch nicht richtig ist. Die Symbiose, das heißt das Zusammenleben der Mistel mit ihrem Wirtsbaum, wird dabei zu wenig bedacht – es handelt sich in Wirklichkeit um ein gegenseitiges Geben und Nehmen beider Pflanzen. Die Art des Baumes hat dabei Einfluss auf die Gestalt und auch auf die stoffliche Zusammensetzung der Mistel.

Die Mistel ist eine seit langer Zeit verwendete Heilpflanze. Ihre Wirkung auf Geschwulstbildungen hat schon Hieronymus Bosch 1577 in seinem „Kreutterbuch“ erwähnt. Ihre besondere Wirksamkeit gegenüber der

Krebskrankheit hat jedoch erstmals Dr. Rudolf Steiner, der Begründer der Anthroposophie, am Anfang des 20. Jahrhunderts beschrieben. Er verwies auch darauf, dass die Mistel erst durch bestimmte Herstellungsprozesse zum eigentlichen Krebsheilmittel wird, dass die Art des Baumes, auf welchem sie wächst, ihre Wirkung in Richtung unterschiedlicher Organe beeinflusst, und dass das Arzneimittel in Injektionsform („Spritze") angewendet werden muss. Aus diesen Erkenntnissen entstanden in den letzten 80 bis 90 Jahren verschiedene Mistelpräparate, die der anthroposophischen Therapierichtung zugeordnet werden.

Schon in den 30er Jahren des 20. Jahrhunderts wurde ein einfaches Extraktpräparat aus Pappelmistel entwickelt. In der Zeit nach dem Zweiten Weltkrieg, bevor die große Zeit der Zytostatika anbrach, wurde dieses Präparat viel angewendet und zeigte eine gute Wirkung, vor allem auf die Lebensqualität. Dann geriet es in Vergessenheit und wurde erst in den 90er Jahren wieder aufgegriffen. Heute existieren verschiedene davon abgeleitete Mistelextraktpräparate, die der phytotherapeutischen (pflanzenheilkundlichen) Therapierichtung zugeordnet werden. Nach wie vor liegt deren Schwerpunkt auf der positiven Beeinflussung der Lebensqualität und weniger in einer direkten Wirkung auf den Tumor.

Mistelzweige mit Blättern und Beeren.

Der Stoffgehalt der Mistel ist unglaublich vielfältig. Viele Hundert Inhaltsstoffe wurden identifiziert, deren wichtigste Vertreter die so genannten „Mistellektine" und „Viscotoxine" sowie Zucker, Eiweiße, Mineralien und weitere Spurenelemente sind.

Große Bedeutung wird heute wissenschaftlich den so genannten Mistellektinen beigemessen. Diese sind wesentlich für die Wirkungen verantwortlich, wie sie auf S. 47 ff. beschrieben werden. Einige Mistelpräparate haben deshalb auch einen definierten Gehalt an diesen Inhaltsstoffen. Die Lektine sind somit wichtige Inhaltsstoffe der Mistel. Wie für viele Heilpflanzen gilt auch für die Mistel, dass der Zusammenklang *aller* genannten Inhaltsstoffe die therapeutische Wirksamkeit am besten repräsentiert.

Die heute bekannten Mistelpräparate werden entweder der anthroposophischen oder der phytotherapeutischen Therapierichtung zugeordnet. Beide Arten sind Gesamtextrakte, die das umfassende Inhaltsstoffspektrum der Heilpflanzen enthalten. Die phytotherapeutischen Mistelpräparate sind Gesamtextrakte aus Pappelmistelkraut, mit einem definierten Gehalt an Mistellektinen. Bestimmte Präparate weisen dabei einen besonders hohen Lektingehalt auf.

Die anthroposophischen Mistelpräparate stammen von sehr verschiedenen Wirtsbäumen, z. B. von der Eiche, Kiefer, Tanne oder dem Apfelbaum. Die Mistel wird zu verschiedenen Jahreszeiten geerntet und verarbeitet.

Zellen, Immunsystem und Psyche – die Mistel ist in allen drei Bereichen wirksam.

Welches der verschiedenen Mistelpräparate nun für Sie das richtige ist, muss Ihr behandelnder Arzt oder Heilpraktiker entscheiden. Die Misteltherapie eignet sich nicht zur Selbstmedikation, sie bedarf immer eines mit dieser Behandlungsform Erfahrenen, wenn sie optimal wirken soll.

Wie wirkt die Mistel?

Das Einzigartige an der Mistel ist in Bezug auf die Krebstherapie, dass sie in allen drei Bereichen wirksam ist, in denen sich die Krankheit zeigt. Mistelpräparate wirken gegen:

- die Entartung der Zelle,
- den Mangel an immunologischer Präsenz und
- das seelische Leiden, das man als Verlust der Autonomie (Identität) bezeichnen kann.

Etliche Inhaltsstoffe der Mistel haben eine starke zellzerstörende Eigenschaft, die man wissenschaftlich als „Zytotoxizität" bezeichnet. Bei gleichen Gewichtsmengen verabreicht, wären diese Stoffe um ein vielfaches stärker als die meisten heute benutzten Zytostatika. In der Mistel findet sich also eine direkt auf die Vernichtung der Krebszelle gerichtete Kraft. Sie ist aber nicht die einzige Wirkung der Mistelpräparate, sondern nur eine Komponente ihrer Gesamtwirksamkeit.

Ein weiterer intensiv beforschter Aspekt der Wirksamkeit ist der Einfluss auf das menschliche Immunsystem. Nach den heutigen Erkenntnissen regt die Mistel alle für die Krebsabwehr wichtigen Faktoren des Immunsystems an. Zum Beispiel werden die natürlichen Killerzellen (NK-Zellen) zur vermehrten Bildung angeregt – ihre Aufgabe ist die Erkennung und Vernichtung der Krebszellen. Gleichzeitig schützen Mistelpräparate gesunde Körperzellen, etwa gegen eine Schädigung durch chemisch-synthetische Zytostatika.

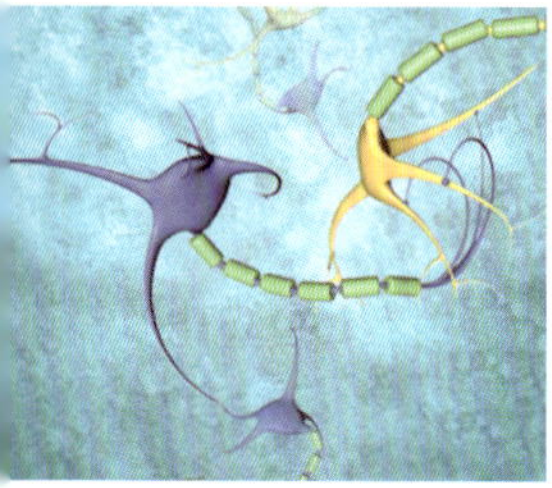

Die Mistel regt die Produktion von Botenstoffen an, die für die Signalübertragung im Nervensystem wichtig sind (Nervenzellen im Modell).

Auch das körperliche Befinden wird von der Mistel sehr positiv beeinflusst. Der Appetit kann angeregt werden, der Körper wird wohlig durchwärmt, der Schlaf wird besser, Schmerzen können gelindert werden. Das geschieht unter anderem dadurch, dass die Produktion so genannter Endorphine im Zentralnervensystem (ZNS) angeregt wird. Solche im ZNS als Botenstoffe (Neurotransmitter) aktiven Substanzen sind eine wesentliche Voraussetzung für das körperliche Wohlbefinden. In der ganzheitlichen Sicht vermitteln sie zwischen Körper und Seele und bewirken deren gesundes Miteinander.

Im seelischen Bereich bewährt sich die Mistel vor allem als angstlösend („anxiolytisch“). Aus verschiedenen Untersuchungen geht hervor, dass sie dem Menschen wieder zu mehr Autonomie (Identität) verhilft. Man kann durchaus sagen, dass sie dem Krebskranken ermöglicht, seiner Krankheit freier gegenüber zu treten und ihre Herausforderung als Chance zum aktiven Handeln anzunehmen. Im einleitenden Kapitel „Was ist Krebs?“ habe ich das „die richtige Antwort finden“ genannt, als es um die Frage ging, die der Krebs jedem betroffenen Menschen stellt.

Positive Wirkung auf die Lebensqualität

Alle drei Wirkungskomponenten der Mistel tragen zu einer Lebensqualität bei, die sich als gesunde Übereinstimmung von Körper, Seele und Geist zeigt. Darin liegt der entscheidende Beitrag von Mistelpräparaten in der Krebstherapie. Sie ersetzen in fortgeschrittenen Stadien der Krankheit keineswegs die Mittel der konventionellen Krebstherapie – aber sie können diese oft ideal ergänzen. Vor allem aber leisten sie nach Beendigung der Chemo- oder Strahlentherapie einen wertvollen therapeutischen Beitrag. Sie erhöhen die Chance, dass die Erkrankung überwunden oder zum Stillstand gebracht wird.

Damit meine ich einen wichtigen Aspekt, der bisher viel zu wenig beachtet wird: Ein Mensch kann mit einer zum Stillstand gebrachten Tumorbildung gut und lange leben, wenn durch die Position der Geschwulst oder Geschwülste keine lebenswichtigen Funktionen bedroht werden. Solche Geschwülste werden mit der Zeit durch Verkapselung vom Körper ausgegrenzt – vergleichbar mit einem Granatsplitter, der bei vielen Soldaten lebenslang im Körper verbleibt, ohne weiteren Schaden anzurichten. Wenn Sie in diese Situation kommen, werden Sie aber Ihr Leben lang darauf achten müssen, dass Ihr Immunsystem die Kontrolle dieses Gleichgewichtszustandes ausübt. Und Sie werden die persönlich-geistige Arbeit leisten müssen, die eine sichere Identität erzeugt.

Eine Besonderheit der Krebskrankheit ist, dass sie sehr lange „latent" sein kann – also vorhanden ist, aber nicht in Erscheinung tritt, so wie es im Prätumorstadium der Fall ist. Das gilt auch für die Phase, wenn ein Geschwulststadium durch die Therapie völlig überwunden wurde, sich also mit den verfügbaren Nachweismethoden kein Krebsgewebe mehr nachweisen lässt (totale Remission). Auch nach einem Jahrzehnt völliger Geschwulstfreiheit kann die Krebskrankheit plötzlich wieder in Erscheinung treten („Rezidiv"). Das geschieht nicht selten – ich selbst musste es bei Patienten immer wieder erleben. Aber ich habe auch mehrfach Verläufe gesehen, wo eine Geschwulstbildung zum Stillstand kam und der betroffene Mensch bis in das hohe Alter mit der verkapselten Geschwulst gesund lebte.

> ***Ich habe mehrfach Verläufe gesehen, wo eine Geschwulstbildung zum Stillstand kam und der betroffene Mensch bis ins hohe Alter mit der verkapselten Geschwulst gesund lebte.***

Sie sehen, von einer wirklichen Heilung der Krebskrankheit zu sprechen, ist außerordentlich schwierig, weil uns bis heute eine sichere Methodik fehlt, um eine solche endgültige Überwindung der Krankheit festzustellen. Deshalb hat die konventionelle Onkologie die fragwürdige Regelung gefunden, je nach Tumorart bei einer Überlebenszeit von drei, fünf oder zehn Jahren von „Heilung" zu sprechen.

Die Mistel wirkt bei Krebs nur, wenn sie injiziert wird

Als Tee oder Tropfen genommen, hat die Mistel vielfältige Wirkungen – hilft aber nicht gegen Krebs. Mistelpräparate zur Krebstherapie müssen, wie schon von Rudolf Steiner erkannt, injiziert werden. Die Injektion erfolgt in der

Regel unter die Haut („subkutan"), seltener in den Muskel („intramuskulär"). Heute leitet man die Präparate immer öfter als Infusionen direkt ins Blut. In speziellen Situationen kann die Mistel auch direkt in den Tumor oder in Körperhöhlen wie den Rippenfell- oder den Bauchraum gespritzt werden.

Üblicherweise werden Mistelpräparate etwa zweimal wöchentlich injiziert, in besonderen Situationen auch täglich. In den ersten drei Jahren nach einer Krebsdiagnose wird die Mistel meist ohne längere Pausen angewandt, dann in Intervallen. Ist langfristig keine neue Geschwulst entstanden oder das Wachstum einer Geschwulst ganz zum Stillstand gekommen, genügen häufig jährlich zwei Serien von jeweils zehn bis 20 Injektionen – beispielsweise im Frühjahr und im Herbst.

Die Wahl des richtigen Präparats kann nur ein in der Misteltherapie erfahrener Arzt oder Heilpraktiker treffen.

Die Wahl des richtigen Präparats kann nur ein in der Misteltherapie erfahrener Arzt oder Heilpraktiker treffen. Bitte vergewissern Sie sich durch direktes Nachfragen, ob Ihr Therapeut diese Erfahrung aufweist. Denn die Misteltherapie ist mindestens ebenso differenziert zu sehen wie konventionelle Therapieformen – und sicher würden Sie auch keine Chemotherapie von einem Arzt durchführen lassen, der das noch nie getan hat und erst einmal in Listen nachschauen muss, was üblicherweise verschrieben wird.

Welche Reaktionen kann es bei der Misteltherapie geben?

Bei einer Misteltherapie können an der Einstichstelle Reaktionen wie Hautrötung, Schwellung und Juckreiz auftreten, seltener auch Schmerz. Diese so genannten Lokalreaktionen deuten auf eine durchaus erwünschte Reaktion des Immunsystems hin. Wenn diese Symptome ein gewisses Maß nicht überschreiten und nur wenige Tage andauern, haben sie keinen Einfluss auf die Fortsetzung der Therapie. Denn da es eine aktive Immuntherapie ist, müssen auch solche Abwehrreaktionen lokal entzündlicher Art nicht überraschen. Nur wenn diese Reaktionen sehr heftig sind und die Befindlichkeit des Betroffenen beeinträchtigen, wird der Therapeut Konsequenzen ziehen und zum Beispiel die Dosis verringern oder das Präparat bzw. den Wirtsbaum wechseln. Schwere allergische Reaktionen sind bei der Misteltherapie äußerst selten und durch entsprechende Gegenmaßnahmen gut zu beherrschen. Bei Fieber oder chronischen Entzündungskrankheiten aber muss die Mistel vorsichtig angewendet oder ganz abgesetzt werden, bis das Fieber vollständig abgeklungen ist.

Die Bedeutung des Fiebers

Damit kommen wir zu einem wichtigen Thema im Zusammenhang mit der Mistel und der Krebskrankheit: zur Wärmeregulation unseres Körpers. Schon früh ist Ärzten aufgefallen, dass Menschen, die krebskrank wurden, in der Zeit vor der Erkrankung niemals oder nur selten Fieber gehabt hatten. Gezielte Untersuchungen zeigten, dass die Körpertemperatur in dieser Vorphase oft sehr stark erniedrigt ist und die gesunden Werte von ca. 37 °C kaum erreicht werden. Dann wurde entdeckt, dass die typische Tagesrhythmik der Körpertemperatur verloren geht. Bei dieser stets gleichbleibenden Körpertemperatur sprechen Ärzte auch von „Temperaturstarre".

Üblicherweise ist die Körpertemperatur morgens niedrig, steigt dann allmählich an und erreicht im Tagesverlauf einen Höhepunkt, um zur Nacht wieder abzufallen. Der Unterschied zwischen Minimum und Maximum der Körpertemperatur beträgt beim gesunden Menschen 0,5 – 1 °C. Es gibt

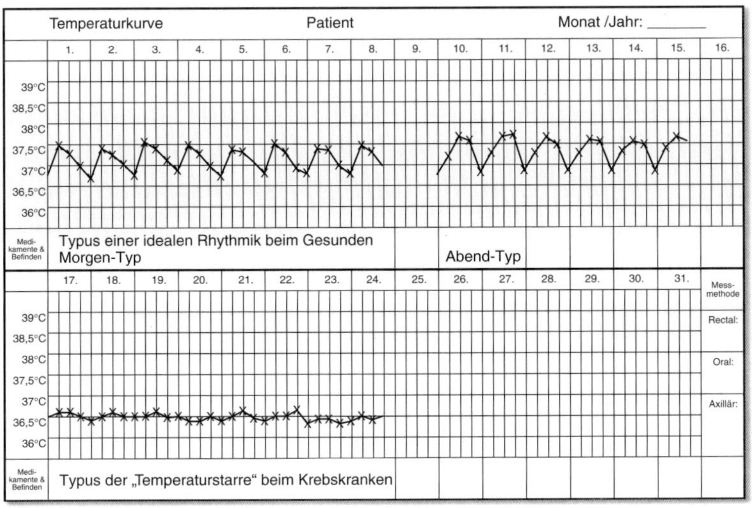

Es gibt Menschen, die schon früh am Tage ihre höchste Körpertemperatur haben („Morgentyp"). Der „Abendtyp" erlebt seine höchste Körpertemperatur relativ spät am Tag. Bei Krebserkrankungen beobachtet man häufig, dass die typische Tagesrhythmik der Körpertemperatur verloren geht („Temperaturstarre").

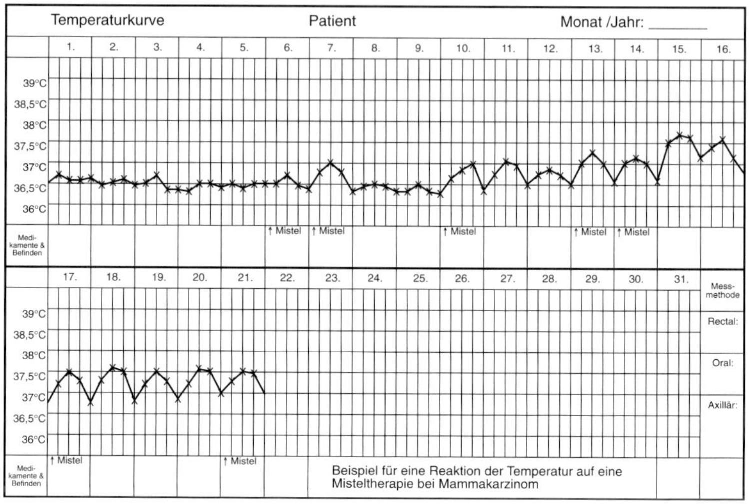

Die typischen Reaktionen auf eine optimale Misteltherapie zeigen auch eine Orientierung der Körpertemperatur zur idealen („zirkadianen") Rhythmik.

Menschen, die schon relativ früh am Tage ihren höchsten Wert haben („Morgentyp"), und solche, die ihn erst spät erleben („Abendtyp"). Die Psychologen charakterisieren diesen Unterschied auch sehr anschaulich, indem sie die Menschen in „Lerchen und Nachtigallen" einteilen.

Schon 1920 betonte Rudolf Steiner, dass die Wirksamkeit der Misteltherapie davon abhinge, dass „mit ihr Fieber erzeugt werde". So zeigen die typischen Reaktionen auf eine optimale Misteltherapie auch eine Orientierung der Körpertemperatur zur idealen („zirkadianen") Rhythmik (siehe Abbildung). Damit haben wir auch eine erste Kontrollmöglichkeit der Effektivität einer Therapie. Wie rasch diese Beeinflussung der Körpertemperatur erfolgt, ist sehr verschieden. Bei manchen Menschen treten entsprechende Reaktionen schon nach wenigen Injektionen auf, bei anderen erst nach Wochen oder Monaten. Aber auch solche Menschen berichten oft schon viel früher, dass sie sich wieder richtig warm und wohl fühlen.

Mit der Messung der Körpertemperatur haben wir nach meiner Erfahrung ein wichtiges Instrument, um eine mögliche Krebsgefährdung festzustellen. Ich möchte hier noch einmal daran erinnern, dass die Krebskrankheit von der Einnistung der ersten Krebszelle bis zur Ausbildung einer mess- und sichtbaren Geschwulst mindestens sieben bis über 20 Jahre im Prätumorstadium verharrt – ohne dass in der konventionellen Onkologie irgendeine Nachweismethode existiert. Bestehen also solche Störungen der Temperaturregulation, könnte eine vorbeugende Misteltherapie sinnvoll sein. Bei einer solchen Entscheidung unterstützt Sie ein erfahrener Arzt.

Kann die Mistel auch vorbeugend angewandt werden?

Ich empfehle jedem Menschen, bei dem eine auffällige Störung entweder der Körpertemperatur oder ihrer Rhythmik vorliegt, sicherheitshalber so lange eine Misteltherapie durchzuführen, bis die Temperatur wieder normal ist und dies auch ohne weitere Therapie bleibt. Es gibt zwar keine Beweise dafür, dass wirklich Krebszellen im Körper sind, aber bei der weiten Verbreitung dieser Krankheit und der guten Verträglichkeit der Misteltherapie halte ich es für sinnvoll, eine solche vorbeugende Maßnahme („Prophylaxe") durchzuführen. Schließlich beugt auch die Schulmedizin durch ihre Impfungen Krankheiten vor, die der Geimpfte wahrscheinlich gar nicht bekommen hätte. Sollte diese Vorsicht gegenüber einer so schweren und bedrohlichen Krankheit wie dem Krebs nicht auch gelten?

Eine uralte Ärzteregel besagt: „Vorbeugen ist besser als heilen". Wir sollten sie wieder beherzigen, indem wir uns verstärkt der präventiven oder vorbeugenden Medizin zuwenden. Das Erhalten der Gesundheit („Salutogenese") muss mindestens ebenso wichtig werden wie das Behandeln und Verstehen von Krankheiten („Pathogenese"). Zu beidem können, wenn es um Krebs geht, neben der Mistel weitere wichtige Arzneimittel beitragen, die ich im Folgenden kurz darstellen möchte.

Das Spurenelement Selen

Spurenelemente sind Substanzen, die in pflanzlichen und tierischen Geweben nur in sehr geringen Mengen vorhanden, für den Ablauf von Stoffwechselvorgängen jedoch unentbehrlich sind. Selen ist ein essenzielles Spurenelement – so bezeichnet man Spurenelemente, die vom Organismus selbst nicht gebildet werden können, sondern ihm von außen zugeführt werden müssen. Neben Selen gehören auch Zink, Jod oder Kupfer zu diesen lebensnotwendigen Stoffen.

Der Selengehalt in Nahrungsmitteln hängt vom Gehalt im Boden und von der Art der Ernährung ab.

Selen spielt eine entscheidende Rolle beim Schutz unserer Zellen vor aggressiven Freien Radikalen. Freie Radikale sind schädliche Substanzen, die beim Zellstoffwechsel, bei Erkrankungen oder durch Umweltbelastungen entstehen. Sie können Zellbestandteile wie die Zellmembranen und das Erbgut schädigen und damit die Bildung von Krebszellen begünstigen. Deshalb müssen Freie Radikale so schnell wie möglich unschädlich gemacht werden.

Die Deutsche Gesellschaft für Ernährung (DGE) empfiehlt, dass gesunde Erwachsene täglich 20 bis 100 µg Selen aufnehmen sollten. 1 µg (Mikrogramm) ist der millionste Teil eines Gramms. Generell wird eine tägliche Aufnahme von 1 µg Selen pro Kilogramm Körpergewicht empfohlen. Diese Richtlinie stimmt mit den Empfehlungen des Amerikanischen Forschungsbeirats überein: 70 µg Selen täglich für Männer, 55 µg für Frauen, 65 µg für Schwangere und 75 µg für Stillende.

Ernährungswissenschaftler gehen davon aus, dass die meisten Menschen heute mit der Nahrung zu wenig Selen zuführen. Es wird geschätzt, dass Frauen in Deutschland pro Tag 38 µg Selen und Männer 47 µg Selen aufnehmen. Bei einseitiger oder fleischloser Ernährung dürften diese Werte noch niedriger sein. Ist die Selenzufuhr extrem niedrig, können Mangelerscheinungen auftreten. Diese bewirken eine Schwächung des Immunsystems – die betroffenen Menschen sind anfälliger für Infekte aller Art. Auch Herz-Kreislauf-Erkrankungen, Muskelstörungen und Gelenkerkrankungen wie Rheuma können durch einen Selenmangel hervorgerufen werden. Durch zusätzliche Selengaben kann man diesen Mangelerscheinungen vorbeugen.

Selen kommt im Boden vor. Über die Nahrungskette gelangt es in den Körper von Nutztieren, die uns als Nahrung dienen. Tierisches Eiweiß, Fleisch und Wurst sind somit unsere Hauptquellen für das natürlich vorkommende Selen. Der Gehalt an Selen im Boden ist sehr unterschiedlich. Deutschland gehört zu den Gebieten mit Selenmangel. In den zunehmend sauren Ackerböden liegt das Selen zum Teil in einer für Pflanzen nicht verwertbaren Form vor. Deshalb enthalten unsere Nutzpflanzen und in Deutschland produzierte tierische Nahrungsmittel nur wenig Selen. Schwerwiegende Mangelerscheinungen sind zwar nicht zu erwarten, doch weisen Untersuchungen darauf hin, dass zwischen bestimmten Erkrankungen und einer zu geringen Selenzufuhr ein Zusammenhang besteht.

In den letzten Jahren hat die Bedeutung von Selen bei der Vorbeugung gegen Krebserkrankungen und bei der Behandlung von Krebspatienten stetig zugenommen.

Bei fast allen Krebspatienten werden zu geringe Selenkonzentrationen gemessen. Außerdem weiß man, dass die Selenkonzentration im Körper mit Fortschreiten der Krebserkrankung weiter sinkt und dass in vielen Fällen bereits vor der Krebsdiagnose niedrige Selenwerte vorliegen. Somit liegt die Vermutung nahe, dass Selenmangel die Entstehung von Krebs begünstigen kann.

Daher hat in den letzten Jahren die Bedeutung von Selen bei der Vorbeugung gegen Krebserkrankungen und bei der Behandlung von Krebspatienten stetig zugenommen. Viele wissenschaftliche Organisationen, die sich mit den Ursachen der Krebsentstehung beschäftigen und neue wirkungsvolle Therapien gegen Krebs entwickeln möchten, untersuchen in Studien Selen und seine Wirkungen. In verschiedenen Ländern wie den USA und China wurden dazu bereits große Studien durchgeführt.

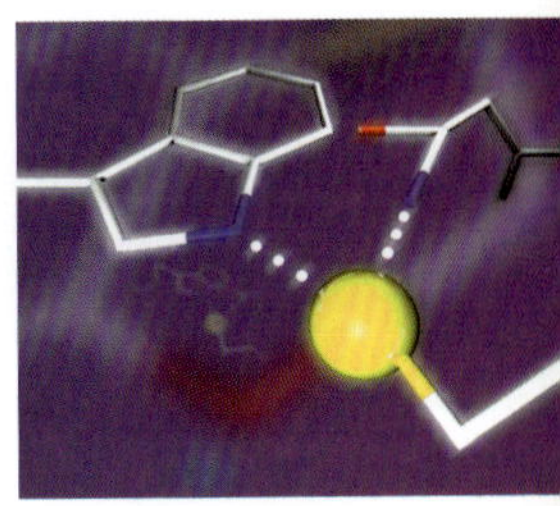

Selen (gelb) ist unverzichtbarer Bestandteil wichtiger Enzyme.

Dass Selen auch bei bereits bestehenden Krebserkrankungen Wirkung zeigt, konnte ebenfalls wissenschaftlich belegt werden. Amerikanische Wissenschaftler untersuchten in einer Studie an über 1.300 US-Bürgern, die bereits einmal an Hautkrebs erkrankt waren, ob eine zusätzliche tägliche Gabe von 200 µg Selen das Risiko für das erneute Auftreten von Krebs vermindert. Nach durchschnittlich 4,5 Jahren zeigte sich, dass die Patienten der Selengruppe um 46 % weniger Lungentumore, um 58 % weniger Darmtumore und um 63 % weniger Prostatatumore aufwiesen im Vergleich zu den Patienten, die kein zusätzliches Selen eingenommen hatten.

Als Ergänzung zur konventionellen Krebsbehandlung schützt Selen wirksam die gesunden Zellen – nicht aber die Krebszellen.

Als Ergänzung zu konventionellen Krebsbehandlungen schützt Selen wirksam die gesunden Zellen. Zum Beispiel während der Krebsoperation: Narkosemittel steigern die Menge zusätzlicher Freier Radikale, die das Immunsystem belasten. Selen unterstützt das Immunsystem, indem es als „Radikalfänger" die Freien Radikale unschädlich macht. Daher wird Selen auch nach Brustkrebs-Operationen verabreicht – es hilft, den unangenehmen Lymphstau zu vermeiden, der nach der Entfernung von Lymphknoten in der Achselhöhle leicht auftritt und mit einem vermehrten Auftreten Freier Radikale einhergeht.

Vor allem bei Patienten, die sich einer Strahlen- oder Chemotherapie unterziehen müssen, zeigt die zusätzliche Gabe von Selen eine Reihe von positiven Wirkungen. Denn bei diesen Krebstherapien bilden sich vermehrt Freie Radikale, die wiederum viele der typischen Nebenwirkungen hervorrufen. Durch Selengaben können diese Nebenwirkungen abgemildert werden. So konnte man bei Hirntumorpatienten mit vorangegangener Chemo- oder Strahlentherapie durch Selen die Nebenwirkungen bei 75 % der Patienten deutlich mindern. Auch das Ausmaß von Nierenschädigungen, wie sie nach einer Chemotherapie mit Cisplatin bekannt sind, kann durch Selen verringert werden.

Dabei schützt Selen nur die gesunden Körperzellen – nicht aber die Krebszellen. So kann man erklären, dass die Nebenwirkungen gemindert werden, aber gleichzeitig die Empfindlichkeit der Tumorzellen gegenüber der Chemo- oder Strahlentherapie nicht beeinträchtigt wird. Selen erhöht sogar deren Empfindlichkeit, wodurch die Therapie noch effektiver wird. Deshalb rate ich grundsätzlich zur Einnahme von Selen vor und während einer Chemo- oder Strahlentherapie.

Natriumselenit: der ideale Wirkstoff

Zusätzliches Selen ist in verschiedenen Formen erhältlich. Präparate mit dem Wirkstoff Selen-Hefe eignen sich allerdings nur als Nahrungsergänzung, um einem Selenmangel bei Gesunden vorzubeugen. Bei einem akuten Selenmangel und für therapeutische Anwendungen wie zum Beispiel während oder nach einer Krebsbehandlung sollten hochdosierte Präparate mit dem Wirkstoff Natriumselenit genutzt werden. Dieser Wirkstoff ist für den Organismus optimal verwertbar. Präparate mit Natriumselenit sind als Tabletten und Trinkampullen erhältlich. Die Trinkampulle enthält das Natriumselenit in gelöster Form. So kann es vom Körper am leichtesten aufgenommen werden.

Da Deutschland Selenmangelgebiet ist, empfehlen Wissenschaftler für Gesunde die vorbeugende Einnahme von 50 µg Natriumselenit pro Tag. Bei Erkrankten wie zum Beispiel Krebspatienten liegt ein erhöhter Selenbedarf vor. Ich schließe mich den Experten an, die in diesen Fällen zu einer höheren Selendosis raten: 100–300 µg pro Tag.

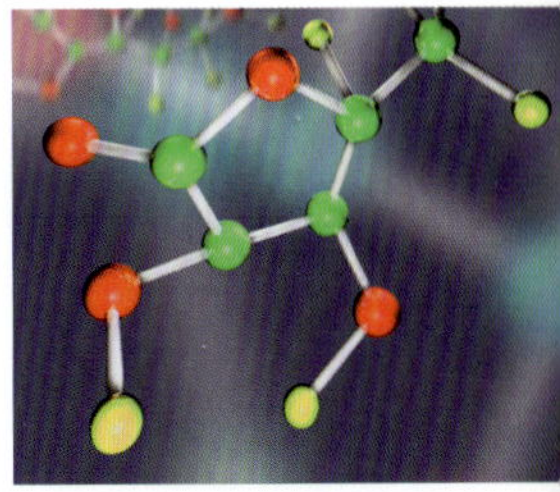

Vitamin C (Molekülmodell) ist eine für den Organismus lebensnotwendige Substanz mit vielfältigen Wirkungen.

Vitamin C – ein vielseitiges Vitamin

Vitamin C (Ascorbinsäure) ist eine für den Organismus lebensnotwendige Substanz mit außerordentlich vielfältigen Wirkungen im Stoffwechsel. Als „essenzielles Vitamin", das der Körper nicht selbst bilden kann, muss es mit der täglichen Nahrung aufgenommen werden. Bekannt ist vor allem die Wirkung von Vitamin C auf unser Immunsystem: Es steigert die Immunkraft durch Bildung spezieller Antikörper und unterstützt weitere Funktionen, mit denen eingedrungene Krankheitserreger bekämpft werden. Darüber hinaus fungiert Vitamin C wie Selen als Radikalfänger – es schützt die Körperzellen vor dem zerstörerischen Angriff Freier Radikale.

Im Rahmen einer Tumorerkrankung und ihrer Therapie gibt es verschiedene Faktoren, die den Bedarf an Vitamin C erhöhen. Die Erkrankung selbst stellt eine massive Stresssituation für den Organismus dar. Leider wird der Stress durch die notwendigen Therapiemaßnahmen zusätzlich verstärkt. Außerdem tragen Appetitlosigkeit und Nahrungsverwertungsstörungen infolge von Chemo- und Strahlentherapien zur Entstehung von Vitaminmangelzuständen bei.

Neben der Stärkung der Abwehr und der Verbesserung des Allgemeinzustands kann die gezielte Behandlung mit Vitamin C auch zur Linderung tumorbedingter Schmerzen beitragen.

Klinische Studien belegen, dass bei Krebspatienten sowohl im Blutplasma als auch in den weißen Blutkörperchen („Leukozyten") stark verringerte Vitamin C-Konzentrationen vorliegen. Speziell in den Leukozyten ist der Ascorbinsäurespiegel so niedrig, dass diese ihre wichtigen Funktionen im Rahmen des Immunsystems nicht mehr optimal erfüllen können.

Daher verordne ich Krebspatienten relativ hoch dosiertes Vitamin C, um ihr Immunsystem wirkungsvoll zu unterstützen. Eine Vitamin C-Infusionstherapie trägt maßgeblich dazu bei, das Allgemeinbefinden und die Lebensqualität zu verbessern. Neben der Stärkung der Abwehr und der Verbesserung des Allgemeinzustands kann die gezielte Behandlung mit Vitamin C auch zur Linderung tumorbedingter Schmerzen beitragen.

Seit kurzem weiß man, dass Vitamin C auf verschiedenen Wegen der Tumorbildung entgegenwirkt. Es hemmt beispielsweise die Bildung spezieller Krebs fördernder Substanzen, der so genannten „Nitrosamine". Darüber hinaus gibt es Hinweise darauf, dass Vitamin C einen hemmenden Einfluss auf die Vermehrung von Krebszellen und damit auf das Tumorwachstum nimmt.

Vitamin-C-Präparate gibt es als Tabletten oder Kapseln zum Einnehmen sowie in Form von Ampullen zur Injektion oder Infusion. Bei der Einnahme in Form von Tabletten oder Kapseln sollten Sie beachten, dass über den Magen-Darm-Trakt nur begrenzte Mengen an Vitamin C aufgenommen werden können. Das lässt sich auch nicht durch eine Erhöhung der Dosis verbessern, da dann eine verstärkte Ausscheidung über die Nieren einsetzt. Bei Einnahme sehr hoher Mengen kann es außerdem zu Durchfällen kommen.

Zur therapeutischen Anwendung höherer Dosierungen sollte Vitamin C daher am besten in gelöster Form als Infusion verabreicht werden. Auf diese Weise kann dem Organismus bei guter Verträglichkeit deutlich mehr Vitamin C zur Verfügung gestellt werden. Wichtig ist, dass die verwendete Infusionslösung außer Vitamin C nur Natriumhydrogencarbonat (als Puffersubstanz zur Einstellung des pH-Wertes) enthält – aber keine Konservierungszusätze!

In der Milz werden spezielle Eiweißstoffe gebildet (hier im Modell), die eine bedeutende Rolle für die körpereigene Abwehr spielen.

Peptide aus Leber, Milz und Thymus

Beim Menschen befindet sich die bohnenförmige, etwa 150 bis 200 g schwere Milz im linken Oberbauch hinter dem Magen und unter dem Zwerchfell und ist ein wichtiger Bestandteil des Immunsystems. Als einziges Immunorgan ist sie direkt in den Blutkreislauf eingebunden und erhält daher trotz ihrer geringen Größe (Anteil am Gesamtkörpergewicht ca. 0,2 %) rund 4 % der Gesamtdurchblutung des Körpers. Neben ihrer Funktion als Filter- und Reinigungsorgan für Blut und Lymphe werden in der Milz spezielle Eiweißstoffe, so genannte „Peptide" gebildet, die eine bedeutende Rolle als Botenstoffe zur Aktivierung und Steuerung körpereigener Abwehrsysteme spielen. Peptide beeinflussen zum Beispiel die Reifung und Vermehrung bestimmter Immunzellen (B- und T-Lymphozyten – das sind Untergruppen der weißen Blutkörperchen).

Andere Peptide mit ähnlichen Eigenschaften werden auch in der Leber gebildet, die beim Erwachsenen Teile der Aufgaben der Milz übernimmt. Die Leber hat neben ihren Funktionen als zentrales Stoffwechsel- und Entgiftungsorgan somit auch eine immunologische Bedeutung. Sie produziert nicht nur immunaktive Peptide, sondern enthält außerdem spezifische Abwehrzellen, die Fremdkörper aus dem Blutstrom ziehen und unschädlich machen.

Bei einer Chemotherapie ist die Schädigung von Immunzellen deutlich geringer, wenn im Vorfeld und begleitend Peptidpräparate mit immunstabilisierender Wirkung eingesetzt werden.

Um das Immunsystem zu unterstützen, kann man dem Körper Peptide zuführen, die aus tierischem Gewebe gewonnen werden – so genannte „xenogene Peptide". Das Wort xenogen bedeutet, dass die Peptide fremder, also nicht menschlicher Herkunft sind. Aufgrund ihrer großen Ähnlichkeit zu den im menschlichen Organismus vorkommenden Peptiden werden sie von den Abwehrzellen jedoch nicht als fremd angesehen und können ihre Wirkungen voll entfalten.

Entsprechende xenogene Leber- und Milzpeptide gibt es in Form von standardisierten Arzneimitteln zur Injektion und Infusion. Moderne biotechnologische Herstellverfahren garantieren eine hohe Arzneimittelsicherheit. Wichtig ist, dass das verwendete Präparat die xenogenen Peptide in ausreichend hoher Dosierung und in optimaler Zusammensetzung enthält – einzelne Peptide sind deutlich weniger wirksam als spezielle Kombinationen. Diese Mischungen bieten außerdem den Vorteil der besseren Verträglichkeit, da sie das Immunsystem auf verschiedenen Ebenen zugleich unterstützen und es nicht in ein Ungleichgewicht bringen.

Bei einer Chemotherapie ist die Schädigung wichtiger Immunzellen deutlich geringer, wenn im Vorfeld und begleitend Peptidpräparate mit immunstabilisierender Wirkung eingesetzt werden. Wissenschaftliche Studien belegen, dass zusätzlich die Bildung neuer Abwehrzellen angeregt wird – das Blutbild verbessert sich. Ein weiterer Vorteil der xenogenen Peptide aus Leber und Milz ist ihre „antiemetische" Wirkung – so bezeichnet man die Wirksamkeit gegen Erbrechen. Besonders ausgeprägt ist die antiemetische

Wirkung beim häufig auftretenden „prolongierten Erbrechen", das mehrere Tage anhält und auch nach Ende der Chemotherapie auftritt.

Da die standardisierten Peptidpräparate sehr gut verträglich sind, kann man sie problemlos ausreichend hoch dosieren. Eine Anwendung begleitend zur Chemotherapie dient gleichzeitig als Vorbereitung für eine immunaktivierende Therapie im Rahmen der Tumornachsorge, wie ich sie in jedem Fall empfehlen würde.

Die Thymusdrüse

Ein Organ mit wichtigen Funktionen für die Ausbildung der spezifischen zellulären Immunität ist die Thymusdrüse, die sich vor dem Herzbeutel und hinter dem Brustbein befindet. Im Thymus findet die Reifung und „Schulung" der verschiedenen T-Lymphozyten statt. Bei dieser Untergruppe der weißen Blutkörperchen steht das vorangestellte T für „Thymus".

Zunächst werden die Zellen so spezialisiert, dass drei Untergruppen entstehen: T-Helferzellen, zytotoxische (zellabtötende) T-Zellen und T-Suppressor-Zellen (Suppression = Unterdrückung). Diese Immunzellen lernen dann im Thymus zwischen „fremd" und „selbst" zu unterscheiden, damit sie sich nicht gegen das gesunde körpereigene Gewebe richten. Sie sollen ihre chemischen Abwehrstoffe, die Zytokine, gezielt gegen eingedrungene Krankheitserreger und gegen entartete Körperzellen, also Tumorzellen, einsetzen.

Bei Thymuspeptiden (hier im Modell) handelt es sich um kleine Eiweißbausteine mit sehr spezifischen Funktionen.

Die Thymusdrüse wächst während der Kindheit und Pubertät heran und stellt mit dem Eintritt der Geschlechtsreife ihr Wachstum ein. Größe und Gewicht bleiben im weiteren Verlauf des Lebens nahezu gleich – da jedoch das Körpergewicht weiter steigt, verringert sich der prozentuale Anteil des Thymus an der Körpermasse. Außerdem nehmen die thymusabhängigen Abwehrfunktionen mit zunehmendem Alter immer stärker ab – der Spiegel an aktiven Thymusfaktoren im Blut sinkt. Aus klinischen Studien ist aber bekannt, dass dieser Mangel durch die Behandlung mit Thymuspeptiden ausgeglichen werden kann. Dabei handelt es sich um kleine Eiweißbausteine mit sehr spezifischen Funktionen. Sie werden aus dem Thymus in die Blutbahn abgegeben. Dort aktivieren sie die reifen T-Lymphozyten, sodass die Abwehr in ständiger Bereitschaft ist.

Werden Thymuspeptide im Rahmen der Tumornachsorge zur gezielten Aktivierung des Immunsystems eingesetzt, können die Abwehrkräfte und die Lebensqualität des Patienten entscheidend verbessert werden. Solche Peptide werden aus den Thymusdrüsen junger Kälber gewonnen, nach modernen Verfahren gereinigt und zu Arzneimitteln verarbeitet. Obwohl sie also aus artfremdem Material gewonnen werden, sind diese winzigen Peptide im menschlichen Organismus voll funktionstüchtig und können ihre immunstärkende Wirkung entfalten.

Thymuspeptide gelten als „Lehrer" der Immunzellen, die bei der Bekämpfung von Krebszellen sehr unterschiedliche spezifische Aufgaben haben. Durch Injektionen solcher hochgereinigter und damit sehr gut verträglicher Thymuspeptide erfolgt beim Erwachsenen, dessen Thymusdrüse kaum noch oder gar nicht mehr aktiv ist, eine „Nachschulung" der Immunzellen, damit diese die Krebszellen früh und sicher erkennen und wirksam bekämpfen können.

Im Unterschied zur Mistel ist die Wirkung der Thymuspeptide auf diese eine Ebene der Krebskrankheit beschränkt. Außerdem gibt es bei den Peptiden keine gezielte Wirkung auf bestimmte Organe. Ich schätze sie aber als wirksame und zuverlässige komplementäre Therapiemöglichkeit.

Die in der Krebstherapie eingesetzten Enzyme wirken durch Spaltung und Abbau von Eiweiß, speziell der Krebszelle.

Enzyme

Enzyme sind spezielle Eiweißstoffe, die biochemische Prozesse im Organismus beschleunigen. Es gibt Enzyme pflanzlichen Ursprungs wie Bromelain aus der Ananas oder Papain aus der tropischen Papayafrucht – und andere tierischen Ursprungs wie Trypsin oder Pankreatin. Die in der Krebstherapie eingesetzten Enzyme wirken durch Spaltung und Abbau von Eiweiß, speziell der Krebszelle. Damit können sie erstens Krebszellen „enttarnen". Denn diese haben die Fähigkeit sich zu „maskieren", indem sie sich mit einer Hülle körpereigener Eiweiße umgeben, die es den Abwehrzellen unmöglich macht, die entartete Zelle zu erkennen. Die Enzyme lösen diese Tarnhülle auf.

Außerdem behindern Enzyme die Bildung von Metastasen, indem sie es abgelösten Tumorzellen erschweren, sich irgendwo festzusetzen. Und drittens lösen sie aus Tumorzell-Antigenen und Antikörpern gebildete so genannte „Immunkomplexe“ auf, die unser Immunsystem schwächen können, da es durch den Abbau dieser Komplexe zusätzlich belastet wird.

Kurz und gut: Enzyme können in jeder Phase der Erkrankung eingesetzt werden, da sie auf mehrfache Weise wirken.

Johanniskraut (Hypericum perforatum).

Weitere therapiebegleitende Arzneimittel

Johanniskraut hilft die Angst besiegen

Wie ich schon im Abschnitt über die Seele erwähnt habe, ist ein zentrales Thema der Krebskrankheit die große Angst, die wie aus Urtiefen des Organismus auftaucht und vom Patienten rational nicht beherrschbar ist. Doch kann man sie gut verstehen – bei dieser Krankheit geht es um Sein oder Nichtsein. Trotzdem überrascht immer wieder, mit welcher Wucht die Krebsangst den Menschen überwältigt, vergleicht man diese Situation mit anderen schweren und chronischen Erkrankungen.

Die angstlösende Seite der Misteltherapie habe ich schon geschildert. Ein andere Pflanze, die sehr stark anxiolytisch (angstlösend) wirkt, ist das Johanniskraut (*Hypericum perforatum*). Allgemein bekannter ist seine antidepressive Wirkung. Insgesamt kann man die Wirkung des Johanniskrauts auch stimmungsaufhellend nennen, und trifft damit das Wesen dieser Pflanze genau – sie hat ihren Namen erhalten, weil sie zur Zeit des höchsten Sonnenstandes und der größten Lichtfülle des Tages blüht. Das Johanniskraut bringt als Arzneimittel Licht in die Dunkelheit der Seele des Krebskranken, der seine Zukunft als ungewiss sieht, sich bedroht fühlt und oft ohne Hoffnung ist.

Hochwertige Johanniskraut-Extraktpräparate (aus der Apotheke) sind starke Helfer, um mit der Krebsangst besser umzugehen. Lassen Sie mich an dieser Stelle erwähnen, dass heute in der Psychiatrie auch eine intensive Lichttherapie zur Behandlung von Depressionen und Angstzuständen angewendet wird. Der eigene Weg, die Zukunft kann dabei wieder klarer werden.

Ein weiteres belastendes Thema jedes Krebskranken ist die starke körperliche und seelische Erschöpfung, die auch als Müdigkeits- oder Fatigue-Syndrom bezeichnet wird. Es wird durch die konventionellen Therapien nicht selten verstärkt. Dagegen setze ich mit Vorliebe eine bewährte Kombination aus Johanniskraut, Vitamin E und Magnesium ein, die sonst überwiegend von Ausdauersportlern (zum Beispiel Marathonläufern) verwendet wird, um die Körperkraft rascher zu regenerieren.

Der Schmerz kann auch Helfer sein

Ein drittes gewaltiges Thema der Krebskrankheit kann der Schmerz sein. Er ist ja keineswegs so grundsätzlich vorhanden wie z. B. die Angst, aber doch Begleiter vieler Ausgestaltungen der Krebskrankheit, am häufigsten wohl bei Knochenmetastasen. In der konventionellen Onkologie werden heute synthetische Morphinpräparate verordnet, die als außerordentlich verträglich bezeichnet werden und z. B. als Pflasterpräparate eine gute Langzeitwirkung zeigen. Fast immer wird damit die Forderung verbunden, auch dem Krebskranken ein schmerzfreies Leben zu ermöglichen. Meine persönliche Anschauung sieht diese Aussagen und Verordnungen zurückhaltender. Immer wieder musste ich beobachten, dass durch diese Morphinpräparate Abhängigkeiten entstehen können und der Schmerz also keineswegs überwunden, sondern nur verdrängt wird. Entsprechend kommt es auch zu Gewöhnungen, was langfristig eine immer weitere Erhöhung der Dosierung notwendig macht, woraus sich leicht ein Teufelskreis bildet.

Eine ganzheitliche Schmerztherapie will den Schmerz nicht einfach nur wegschaffen oder gar verdrängen. Sie will ihn überwinden helfen – ihn überflüssig machen.

Nun soll das nicht heißen, dass solche Präparate als Schmerzmittel schlecht wären und man sie möglichst meiden sollte. Sie sind seit Urzeiten wichtige Helfer der Menschen. Jedoch setze ich sie immer an eine spätere Stelle der Schmerztherapie. Denn es gibt viele andere Möglichkeiten der komplementären Therapie, dem Krebskranken im Umgang mit seinem Schmerz zu helfen, und er ist ja keineswegs ausschließlich körperlich bedingt! Auch die Seele leidet am drohenden Verlust des Lebens, dem möglichen Leid und Verfall des Körpers. Und auch unser geistiger Kern kann in sich Schmerz erleben, wenn aus den Gesprächen um Sinn und Verständnis des Erkrankens die eigenen Unzulänglichkeiten, bestimmte Arten des Versagens oder einfach gut gekannte, aber nie wirklich bearbeitete Schwächen wieder neu bewusst werden. Gerade diese Ebene des Schmerzes wird jedoch durch eine zu frühe Morphintherapie eher gehemmt oder wieder verdeckt.

Schmerz kann aus meinem persönlichen Verständnis auch ein Helfer des Menschen sein. Der Schmerz tritt auf, um etwas unbewusst Gebliebenes bewusst zu machen. Lange Zeit kann sich z. B. eine Gelenkerkrankung bilden, ehe sie für unsere Diagnostik sichtbar wird. Durch das schmerzende und in seiner Funktion eingeschränkte Gelenk kann uns die Entwicklung zur Arthrose schon früh bewusst und damit auch behandelbar werden. Der Schmerz ist ein Lehrer jedes Kindes, das sich an der Welt stößt, um sie zu erfahren. Auch echte Erkenntnis ist immer mit Schmerz verbunden („Erkenntnisschmerz"). Schmerz macht uns wacher, er ist Helfer, er kann Erzieher sein. Unter diesen Voraussetzungen wird die Schmerztherapie vielgestaltiger. Sie fragt nach den leiblichen, seelischen oder geistigen Ursachen des Schmerzes. Sie will ihn nicht wegschaffen oder gar verdrängen. Sie will ihn überwinden helfen.

Dazu nutzt sie neben Medikamenten eben auch andere Therapien, z. B. Entspannungstherapien, Bewegungs- oder Kunsttherapien. Sie nutzt auch seelisch-geistige Übungen wie Konzentrationsübungen, Meditation und Gebet. Es ist dies ein typisches Kapitel einer komplementär-ergänzenden Medizin, die nicht gegen etwas ist, sondern die Fülle von Therapiemöglichkeiten nutzt und sehr individuell für den konkret betroffenen Menschen auswählt und einsetzt. Immer verbindet uns aber das hohe Ziel, das Leid eines von Schmerzen gequälten Menschen so rasch und so gut wie möglich zu mildern oder zu beenden.

Ich empfehle, ein modernes Extraktpräparat aus den Früchten der Mariendistel in ausreichend hoher Dosierung zur Unterstützung der Leberfunktion während der Krebstherapie einzunehmen.

Die Leber als zentrales Entgiftungsorgan braucht Unterstützung

In diesem Abschnitt möchte ich abschließend die Leber ansprechen. Eine der zentralen Aufgaben dieses größten Stoffwechselorgans ist die ständig notwendige Entgiftung des Körpers, der von allen Abbauprodukten und Schlacken befreit werden muss. Das gilt schon für das tägliche Leben des gesunden Menschen – aber noch viel intensiver muss diese Reinigung während der aktiven Auseinandersetzung mit den Krebsgeschwülsten erfolgen. Daher hat es sich bewährt, die Leber während der Krebstherapie in ihrer Funktion, speziell in der Entgiftung, zu unterstützen.

Die hierfür geeignetsten Arzneimittel stammen wiederum aus einer Pflanze: aus der Mariendistel (*Silybum marianum*). Ich empfehle, ein modernes Extraktpräparat aus den Früchten der Mariendistel in ausreichend hoher Dosierung zur Unterstützung der Leberfunktion während der Krebstherapie einzunehmen. Über die Dauer einer solchen Anwendung entscheidet Ihr Arzt oder Heilpraktiker je nach der konkreten Situation.

Die Ganzkörperhyperthermie (Dr. med. Stephan Wey)

Über den Zusammenhang einer zu geringen und zu gleichmäßigen Körpertemperatur mit Krebs haben Sie schon im Abschnitt über die Misteltherapie einiges gelesen. Lassen Sie uns das Thema hier von einer anderen Seite betrachten und über den Einsatz von erhöhter Körpertemperatur in der Krebstherapie sprechen.

Welch große Bedeutung die Heilkunst dem Fieber bereits im Altertum beimaß, ist einem Zitat des griechischen Philosophen Parmenides (ca. 500 v. Chr.) zu entnehmen: „Gebt mir die Macht, Fieber zu erzeugen, und ich heile alle Krankheiten." Aus neuerer Zeit sind über 700 ausführliche Berichte bekannt, die eine große Zahl von Spontanheilungen und Rückbildungen bösartiger Tumoren mit hoch fieberhaften Infekten in Verbindung bringen.

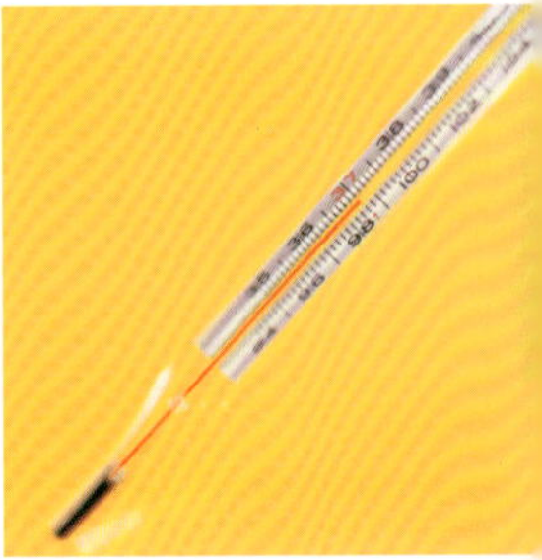

Man vermutet, dass eine erhöhte Temperatur als Stimulator für die Ausbildung einer optimalen Immunabwehr wirkt.

Man vermutet heute, dass eine erhöhte Temperatur als Stimulator für die Ausbildung einer optimalen Immunabwehr wirkt. Das macht sich die Ganzkörperhyperthermie zunutze – wörtlich übersetzt die Überhitzung des ganzen Körpers. Dabei wird der Körper je nach Situation auf

39 – 42 °C erwärmt. Diese Therapie kommt daher vor allem nach Krebsoperationen zur Anwendung, also in einer Situation, in der es gilt, einem Rezidiv oder einer Metastasenbildung entgegenzuwirken.

Die Ganzkörperhyperthermie wirkt generell anregend auf das Immunsystem und hilft daher nicht nur bei Krebs, sondern auch bei zahlreichen anderen Erkrankungen.

Durch die zugeführte Wärme werden die Blutzirkulation und die Organdurchblutung erhöht, viele Stoffwechselvorgänge intensiviert, wichtige immunologische Abwehrmechanismen aktiviert, die Zufuhr von Elektrolyten, Nährstoffen, Sauerstoff und Medikamenten zu den Zellen begünstigt, der Abtransport von Stoffwechselendprodukten beschleunigt, Schmerzen gelindert und das vegetative Nervensystem stabilisiert.

Da bösartige Zellen hitzeempfindlicher sind als gesundes Gewebe, können sie unter bestimmten Umständen selektiv durch Erwärmung zerstört werden. Vor allem aber kann die Ganzkörperhyperthermie die Wirkung einer Chemo- oder Strahlentherapie verstärken – denn Röntgenstrahlung und bestimmte Chemotherapeutika zeigen eine temperaturabhängige Wirkungssteigerung. Somit kann die Dosierung der Chemotherapie bei einer Erhöhung der Körpertemperatur möglicherweise gesenkt werden – das bedeutet keine oder geringere Nebenwirkungen. Die Ganzkörperhyperthermie eignet sich daher bestens als Begleittherapie bei den meisten Tumorarten, auch in fortgeschrittenen Stadien.

Die Ganzkörperhyperthermie wird mit einem speziellen Infrarot-A-Bestrahlungsgerät durchgeführt. Die Temperaturerhöhung kann damit verzögerungsfrei gesteuert werden und erfolgt berührungslos. Damit der Organismus die eingestrahlte Wärme nicht gleich wieder abgibt, wird über dem Patientenbett eine Isolierhülle aus reflektierenden Folien eingerichtet. In dieser Kabine liegt der Patient während der Behandlung relativ frei beweglich unter Baumwolldecken. Sein Kopf bleibt dabei außerhalb der Kabine und wird bei Bedarf zusätzlich gekühlt. Bei Temperaturen über 39 °C werden üblicherweise neben der ständigen Überwachung von Sauerstoffsättigung, Pulsfrequenz, Blutdruck und Körperkerntemperatur auch beruhigende („sedierende“) Medikamente verabreicht, um die Behandlung angenehmer zu gestalten und sicher durchführen zu können.

Die Ganzkörperhyperthermie wirkt generell anregend auf das Immunsystem und hilft daher nicht nur bei Krebs, sondern auch bei zahlreichen anderen Erkrankungen.

Bewegungs- und Kunsttherapien

Ein von vielen Menschen stark unterschätzter Faktor unserer Gesundheit ist die körperliche Bewegung. Ist Ihnen schon einmal bewusst geworden, wie wenig wir uns bewegen? Schon Kinder gehen keinen Schulweg mehr, sondern werden von fürsorglichen Eltern gefahren. Die meisten Erwachsenen erledigen sogar den Weg zum morgendlichen Brötchenholen oder zum Briefkasten rasch mit dem Auto, obwohl der entsprechende Fußweg nur fünf bis zehn Minuten beträgt – kommt Ihnen das bekannt vor? Dagegen waren vor 100 Jahren für die meisten Menschen lange Fußwege zu ihren Arbeitsplätzen, zur Schule oder zur Universität, zum Einkaufen oder zum Besuch von Freunden und Verwandten selbstverständlich.

Bewegung ist in vielfacher Hinsicht wichtig für unsere Körperfunktionen, beispielsweise zur Anregung aller Stoffwechsel- und Verdauungsprozesse und für das Immunsystem.

Bewegung ist aber in vielfacher Hinsicht wichtig für unsere Körperfunktionen, beispielsweise zur Anregung aller Stoffwechsel- und Verdauungsprozesse und für das Immunsystem. Dabei kommt es aber unbedingt darauf an, dass Sie die Bewegungen mit Freude verbinden. Ist beispielsweise Joggen nur Pflicht oder gar Zwang mit Stoppuhr, Pulskontrolle und festgelegten Zeiten und Strecken, wirkt es eher negativ. Ja, es kann sogar krank machen. Schauen Sie nur einmal in die verbissenen Gesichter vieler Jogger – und machen Sie's anders!

Nützlich ist dagegen grundsätzlich jede körperliche Bewegung, die freiwillig, mit Freude und regelmäßig ausgeübt wird – vom Spaziergang über den Waldlauf zur Gymnastik, zum Schwimmen, Rudern oder Fahrrad fahren. Und noch ein wichtiger Aspekt kommt hinzu: die Ganzheitlichkeit, von der ich schon mehrfach gesprochen habe. Die äußere Aktivität braucht immer die Ergänzung durch eine innere körperliche Bewegung – und durch seelische Beweglichkeit. Die innerliche Bewegung des Körpers wird am stärksten durch die Nahrungsaufnahme beeinflusst. Kauen,

Schlucken und Verdauen durch Magen und Darm, durch die Verdauungssäfte von Leber, Galle und Bauchspeicheldrüse – das alles sind starke Bewegungsvorgänge. Darauf komme ich im Kapitel über die Ernährung ausführlich zurück.

Wie Sie Ihre Kreativität neu entdecken können

Die seelische Beweglichkeit wird durch Heiterkeit, Lebensfreude und vor allem durch Interesse an sich selbst, an anderen Menschen und an der Natur angeregt. Extreme Unbeweglichkeiten im Seelischen sind Gleichgültigkeit, Lustlosigkeit und Depression. Ein Lebensgebiet, das die seelische Bewegung besonders stark fördert, ist die Kunst. Auch hier kommt es wieder darauf an, dass Sie freiwillig und mit Freude dabei sind – völlig nebensächlich ist dagegen, ob Sie eine besondere Begabung oder Ausbildung haben und ob Ihre „Werke" mehr oder weniger gut gelingen.

Das Schlüsselwort der Kunst als Therapie heißt Kreativität.

Zu den Kunsttherapien gehören unter anderem die Maltherapie, die Sprachtherapie, therapeutisches Plastizieren, die Gesangstherapie und viele verschiedene Formen von Bewegungstherapien. Eine große Rolle spielen sie in der Psychosomatischen Medizin und auch in der Psychiatrie. Auch die anthroposophische Medizin hat die Kunsttherapien fest in ihre Heilmethode integriert. Zur Behandlung der Krebskrankheit werden solche Therapien allerdings erst allmählich entdeckt. Dabei haben wir in unserer Inneren Abteilung eines Hamburger Krankenhauses mit einem onkologischen Schwerpunkt schon seit 30 Jahren beste Erfahrungen mit den Kunsttherapien in der Behandlung von Krebskranken gemacht. Ich bin fest davon überzeugt, dass sie eine Ergänzung jeder medikamentösen Behandlung sein sollten.

Unabhängige Untersuchungen der letzten Jahre zeigen, dass Kunsttherapien nicht nur seelisch fördern, ausgleichen oder anregen, sondern dass sie auch körperliche Funktionen positiv beeinflussen, zum Beispiel die Rhythmen der Organfunktionen und ihre gegenseitige Abstimmung sowie auch das Immunsystem. Zugleich erhöht das künstlerische

Schaffen die Aufmerksamkeit und Wachheit unseres Bewusstseins („Präsenz").

Das Schlüsselwort der Kunst als Therapie und als gesundheitsförderndes Prinzip heißt Kreativität oder Schöpferkraft. Sie ist eine äußerst wichtige Eigenschaft des gesunden Menschen. Dabei verstehe ich Kreativität nicht nur als „Motor" des gestaltenden Ausdrucks, sondern viel umfassender. Der schöpferisch tätige Mensch schöpft tief aus den unbewussten Vorgängen in seinem Körper und in seiner Seele. Aus der selben Kraft, dank der beispielsweise die Leber in jedem Augenblick beurteilen kann, ob durch die Nahrung aufgenommene Stoffe nun nützlich oder schädlich sind, dank der das Immunsystem ebenso unmittelbar und immer neu zwischen Selbst und Fremd entscheiden kann, und dank der beide einen Weg finden, das Schädliche auszuschalten und so den Körper zu schützen. Denken Sie dabei bitte auch an die mehrfach erwähnten Freien Radikale oder an die Fülle der Schadstoffe, denen wir heute ausgesetzt sind.

Schöpferisch muss der Mensch aber auch im Seelisch-Geistigen sein: in der Gestaltung jedes Tages, im Vorblick auf die vor ihm liegende Zeit, in seiner ganzen Lebensgestaltung. Hier möchte ich Sie noch einmal an Lawrence LeShan erinnern, der von der „Lebensmelodie" jedes Menschen spricht, die ihn durch sein Leben begleitet und die jeder von uns aktiv spielen muss – vgl. S. 27.

Natürlich gäbe es auch über dieses Thema viel mehr zu sagen. Bitte beachten Sie bei Interesse die Literaturhinweise am Ende dieses Buches. Mir kommt es hier nur darauf an, Ihnen zu verdeutlichen, dass Bewegung auf körperlicher und seelischer Ebene ein unverzichtbarer Helfer werden kann, um die Krebskrankheit in ihre Schranken zu weisen oder sie gar ganz zu überwinden.

Welche Rolle spielt die Ernährung bei Krebs?

Antioxidanzien

Brauche ich solche Nahrungsergänzungsstoffe?

Darmsanierung zur Immunstärkung und bei Tumorerkrankungen

Welche Rolle spielt die Ernährung bei Krebs?

In kaum einer anderen Frage sind sich die Krebsspezialisten so uneinig wie in der Diskussion über den Einfluss der Ernährung auf die Krebsentstehung und den Verlauf der Krankheit – also auch die Möglichkeit, mit der richtigen Nahrung therapeutisch zu wirken.

Auf der einen Seite stehen die Aussagen einer großen amerikanischen Studie, dass 40 % aller Ursachen für die Krebsentstehung einen Zusammenhang mit der Ernährung aufweisen. Für viele Krebsarten werden ganz bestimmte Nahrungsbestandteile genannt, die eine Entstehung fördern können. Beispielsweise sind das bei Brustkrebs fettreiche Nahrung und Übergewicht, bei Bauchspeicheldrüsenkrebs übermäßiger Fett-, Fleisch- und Alkoholkonsum, bei Dickdarmkrebs ein hoher Fettgehalt, ein niedriger Faseranteil oder viel rohes Fleisch. Immer wieder wird eine „überkalorische" Ernährung genannt: zu viel tierisches Fett und zu viel Fleisch, zu wenig Obst und Gemüse oder Rohkost.

Auf der anderen Seite wird überwiegend festgestellt, dass es eine wissenschaftlich abgesicherte „Krebsdiät" nicht gibt. Was sollen Sie also tun? Einfach so weiter essen und trinken wie bisher – oder denjenigen folgen, die Ihnen die großartigsten Erfolge durch Extremdiäten versprechen? Letzteres ganz sicher nicht! Aber es gibt einige grundsätzliche Gesichtspunkte, die für eine Ernährung bei Vorliegen einer Krebskrankheit wichtig sind und die auch vorbeugenden Charakter haben können.

Vollwertkost heißt auch, dass die Nahrung wirklich wert ist, gegessen zu werden.

Der wichtigste Begriff in diesem Zusammenhang heißt: Vollwertkost. Der gesunde Mensch ist ein Allesesser. Dabei hat jeder seine ganz individuellen Vorlieben und Abneigungen. Doch sollte die Kost immer eine vernünftige Mischung der Elemente Eiweiß, Fette, Kohlenhydrate und der Mineralien und Spurenelemente enthalten – jede Einseitigkeit ist schlecht. Vollwertkost heißt auch, dass die Nahrung wirklich wert ist, gegessen zu werden. Viel zu lange haben sich die Ernährungswissenschaften fast ausschließlich mit quantitativen Fragen und Brennstoffwerten beschäftigt. Doch ebenso wesentlich ist die *Qualität* unserer Nahrung. Und damit gibt es heute ein großes Problem. Viele Nahrungsmittel werden unreif geerntet und künstlich nachgereift, sie enthalten viele Zusatzstoffe, Farb- und Konservierungsmittel. Sie sind auf Ertrag und Aussehen gezüchtet, womöglich schon gentechnisch verändert. Ihre Lebenskraft ist gleich Null, der Geschmack oft künstlich zugefügt, weil sie sonst nach gar nichts schmecken würden. In der Zeitung ist fast täglich von kriminellen Versuchen zu lesen, Nahrungsmittel zu manipulieren – von Hormonen, Antibiotika, hochgiftigen Stoffen wie Dioxin und von Verunreinigungen ist die Rede.

Parallel zur rücksichtslosen Industrialisierung der Nahrungsmittelerzeugung ist jedoch eine ökologisch-biologisch orientierte Landwirtschaft entstanden. Ihre Erzeugnisse sind manchmal unscheinbarer – der Apfel ist vielleicht auch etwas runzelig, er hat womöglich braune Stellen, aber er schmeckt wie ein Apfel! Jeder mündige Mensch und ganz besonders jeder, dem der Erhalt oder die Wiedergewinnung seiner Gesundheit ein Anliegen ist, muss sich heute aktiv mit der Qualität der angebotenen Nahrungsmittel befassen. Wie wurden sie hergestellt, enthalten sie fremde, synthetische Zusatzstoffe, wie ist die Tierhaltung usw.? Es ist sicher nicht verkehrt, den Marktverkäufer, der Eier, Fleisch oder andere Nahrungsmittel unter dem Etikett „Bio“ anbietet, einmal auf seinem Hof zu besuchen und nachzuschauen, wie es dort aussieht. Sie meinen, das sei übertrieben? Versuchen Sie es ruhig einmal – Sie könnten manche Überraschung erleben.

Außer auf die Qualität möchte ich Sie auf das Thema Rhythmus aufmerksam machen. Ein Wissenschaftszweig der Medizin nennt sich Chronomedizin (wörtlich übersetzt: „Zeitmedizin“). Die Chronomedizin erforscht den Einfluss von Rhythmus auf Gesundheit und Krankheit, untersucht die inneren Rhythmen der Organe, des Stoffwechsels und der Hormone – und alles, was auf diese Rhythmen fördernd oder störend einwirkt. Das Resultat dieser Forschungen bestätigt, was unsere Vorfahren instinktiv wussten: Rhythmus ist ein wichtiger Faktor für unsere Gesundheit.

Rhythmus ist ein wichtiger Faktor für unsere Gesundheit. Entdecken Sie, wie nützlich regelmäßige Mahlzeiten sind.

Ich möchte Sie anregen, wieder zu entdecken, wie nützlich regelmäßige Mahlzeiten sind, dass diese auch ein Zeitmaß brauchen. Das heißt, dass alle Hastigkeit beim Essen von Übel ist, dass Sie sich auf die Mahlzeit konzentrieren und sich nicht nebenher mit Zeitung, Radio oder überflüssigem Gerede ablenken sollten. Das ist besonders für Kinder wichtig, die auf Unregelmäßigkeiten des Rhythmus besonders empfindlich reagieren. Und Essen soll auch Freude machen, Sie dürfen durchaus genießen! Sorgen Sie für eine lebendige Esskultur. Das gesellige Essen, der schön gedeckte Tisch, Ruhe beim Essen, vielleicht auch ein Tischgebet – Sie werden nach einiger Zeit merken, was sich alles verändert. Und wie gut Ihnen das tut.

Ein besonderes Thema sind die Genussmittel. Kaffee, Tee, Schokolade und alkoholische Getränke haben zwar keinen Nährwert – aber oft sehr viele Kalorien. Genussmittel sind keine Frage des grundsätzlichen Dürfens oder Nichtdürfens, sondern immer des für Sie gesunden Maßes. Auf den tatsächlichen Genuss kommt es an – Sie sollten nie von einem Genussmittel abhängig sein. „Ohne Kaffee kann ich nicht leben" ist ein häufig dahingesagter Satz. Aber hat ein Mensch, der so etwas behauptet, überhaupt noch Autonomie? Probieren Sie doch einfach einmal aus, wie angenehm für Körper und Seele der freie Verzicht sein kann. Verzichten Sie dabei nicht völlig und für immer auf etwas, das Sie besonders gern mögen, sondern nur für eine gewisse Zeit.

Vollwertkost in Verbindung mit Nahrungsqualität, Verdauungsrhythmus, gesundem Maß und zusätzlich kräftiger Bewegung ist das Geheimnis einer gesunden Lebensführung.

Die wahre Bedeutung des Fastens oder von Diäten besteht darin, durch die Kraft seines Willens auf etwas zu verzichten, sich einzuschränken, alle Abhängigkeit abzulegen. Und sich zugleich darauf zu freuen, wieder alles zu essen und zu trinken, woran man Freude hat. Deshalb sind Fasten und Diäten immer nur zeitlich begrenzt sinnvoll – dann aber enorm wirksam. Sie machen den Körper wieder empfindsam, beleben ihn neu, entlasten und befreien. Früher hat man deshalb von „Entschlackung" gesprochen.

Wichtig bei der Ernährung ist nicht zuletzt die Bewegung – Sie erinnern sich? Das fängt beim Duft von Speisen an, der vielleicht schon das Wasser im Munde (und bis in den Magen und Darm!) zusammenlaufen lässt. Das setzt sich fort mit dem Kauen, dem Schlucken. Der Magen bewegt sich während der Verdauung sehr stark – alles wird durchmischt, durchsaftet, mit Fermenten durchsetzt. Und dann geht es weiter in den Dünndarm. Hier kommen die „Säfte" aus Leber, Galle und Bauchspeicheldrüse hinzu, die Nährstoffe werden durch die Darmwand aufgenommen. Blut strömt zusammen und bringt sie zur Leber, wo nun auch starke innere Bewegungen auftreten. Wie viel Energie wir auf die Verdauung verwenden, merken wir vor allem daran, dass sie unserem Gehirn in der betreffenden Zeit fehlt – schon die alten Römer wussten: „Ein voller Bauch studiert nicht gern".

Vollwertkost in Verbindung mit Nahrungsqualität, Verdauungsrhythmus, gesundem Maß und zusätzlich kräftiger Bewegung ist das Geheimnis einer gesunden Lebensführung. Und sie wird immer dann besonders wichtig, wenn ein Mensch krank ist. Fallen Sie also nicht auf spezielle „Krebsdiäten" herein, sondern entdecken Sie den Wert einer echten Vollwertkost für Ihre Gesundheit und für die Qualität Ihres Lebens.

Ich möchte dieses Thema mit der Darstellung einiger essenzieller Nahrungsstoffe abrunden. Sie werden heute „Nahrungsergänzungsstoffe" genannt, weil der Körper sie braucht, aber nicht selbst bilden kann – und weil sie in der üblichen Nahrung oft nicht ausreichend enthalten sind. Einige davon wirken als Schutz, auch im Hinblick auf Krebs – speziell, wenn sie Gegenspieler der giftigen Freien Radikale sind. Wir nennen diese nützlichen Stoffe „Antioxidanzien". Ihre prominentesten Vertreter, Selen und Vitamin C, habe ich schon ausführlich beschrieben (s. S. 54 ff.).

Antioxidanzien

Vitamin A/Beta-Carotin

Beta-Carotin ist der Hauptvertreter der großen Familie der Carotinoide. Einige davon können im Körper zu Vitamin A umgewandelt werden. Beta-Carotin ist aber nicht nur ein Provitamin, also eine Vorstufe zum Vitamin A, sondern besitzt auch eigenständige Qualitäten als Radikalfänger. Es kommt nur in Obst und Gemüse vor. Der Gehalt schwankt jedoch in Abhängigkeit von Reifegrad und Lagerung sehr stark. Auch die Zubereitung spielt eine große Rolle. Aus rohen Karotten wird Beta-Carotin z. B. nur zu etwa 1 % aufgenommen, aus gekochten Lebensmitteln dagegen besser.

Beta-Carotin (hier als Kristall unter dem Mikroskop) ist nicht nur ein Provitamin, sondern besitzt auch eigenständige Qualitäten als Radikalfänger.

Der Einsatz von Vitamin A in der Krebstherapie ist sinnvoll – insbesondere bei Gebärmutterhalskrebs oder einem „Plattenepithelkarzinom" der Lunge, da dieses Vitamin besondere Bedeutung für den Schutz der Schleimhäute hat. Vitamin A sollte am besten in Form seiner Vorstufe, dem Beta-Carotin, aufgenommen werden. Um eine Überdosierung zu vermeiden, wird behördlicherseits eine Höchstdosis von 2 mg isoliertem Beta-Carotin empfohlen.

Vitamin C

Das am längsten und besten bekannte Vitamin ist das Vitamin C (Ascorbinsäure). Dieser für den Organismus unverzichtbaren Substanz mit außerordentlich vielfältigen Wirkungen ist entsprechend ihrer Bedeutung ein ausführlicher Abschnitt gewidmet (s. Seite 57).

Vitamin E kommt z. B. in pflanzlichen Ölen und Nüssen vor.

Vitamin E

Die Vitamine A und E gehören zu den fettlöslichen Vitaminen. Vitamin E kommt zum Beispiel in pflanzlichen Ölen und Nüssen vor. Heute wird es häufig auch synthetisch produziert. Entscheidend ist die ausreichende Menge an Vitamin E, das auch in höheren Dosen als sehr gut verträglich gilt. Die empfohlene Tagesdosis von über 100 mg kann mit dem Verzehr von Nahrungsmitteln praktisch nicht gedeckt werden, sodass eine Ergänzung durch entsprechende Präparate sinnvoll ist. Studien zeigten unter Vitamin E-Gaben gute Erfolge beim Kolonkarzinom und bei Tumoren im Mund- und Rachenbereich sowie beim Ösophaguskarzinom. Das fettlösliche Vitamin E gilt als einer der wichtigsten Schutzfaktoren gegen eine Oxidation der menschlichen Zellmembranen, den Hüllen der Zellen.

B-Vitamine

Neben ihren gegen Freie Radikale wirksamen antioxidativen Eigenschaften (z. B. Vitamin B_2) besitzen B-Vitamine eine besondere Bedeutung für das Nervensystem. Ihr Einsatz ermöglicht eine Verringerung von Schmerzen (Vitamin B_1 und B_{12}). Große Teile der deutschen Bevölkerung haben eine unzureichende Versorgung mit dem zur B-Familie gehörenden Vitamin Folsäure und erhöhen damit ihr Risiko, an einem Tumor im Dickdarm zu erkranken. Folsäure-Mangel lässt sich häufig bei Krebskranken nachweisen. Positive Effekte auf die Haut, von denen insbesondere Patienten nach der Strahlentherapie profitieren können, besitzen die Vitamine B_5 und Biotin.

Mineralien und Spurenelemente

Selen ist verwandt mit den biologisch so wichtigen Elementen Schwefel und Sauerstoff. Eine Reihe spezieller Enzyme, u. a. für den Zellschutz, können ohne Selen nicht funktionieren. Aufgrund seiner besonderen Bedeutung und wertvollen Eigenschaften im Zusammenhang mit Krebserkrankungen wird das zur komplementären Basistherapie gehörende Selen in einem eigenen Kapitel ausführlich vorgestellt (s. Seite 54).

Zink ist Bestandteil von über 200 Enzymen und beeinflusst die körpereigene Abwehrleistung. Neben Selen ist es ein besonders wichtiger Bestandteil des körpereigenen Abwehrsystems gegen Freie Radikale. Die Zinkversorgung ist schon bei Gesunden häufig zu gering. Bei Krebskranken muss noch mehr darauf geachtet werden, denn sie haben einen erhöhten Zinkbedarf, der ohne geeignete Ergänzung nicht zu decken ist. Zinkverluste können auch durch die Chemotherapie entstehen.

Da *Kupfer* und Zink über die gleichen Mechanismen in den Körper gelangen, muss bei einer Einnahme von Zink auch auf eine ausreichende Versorgung mit Kupfer geachtet werden, um eine Balance zwischen diesen wichtigen Metallen zu erhalten.

Brauche ich solche Nahrungsergänzungsstoffe?

Ein engagierter Ernährungswissenschaftler hat einmal gesagt, die Natur habe nicht vorgesehen, dass wir unsere Ernährung in der Apotheke ergänzen. Sicher wäre es unsinnig, einfach die alten Ernährungsgewohnheiten beizubehalten und dafür Vitamin- und Mineralstofftabletten in hohen Dosen einzunehmen, um sein schlechtes Gewissen zu beruhigen. An erster Stelle steht selbstverständlich eine ausgewogene Vollwerternährung mit möglichst naturbelassener Kost.

Da jedoch einige Mikronährstoffe bei Krebserkrankungen in größeren Mengen aufgenommen werden müssen und die Nährstoffgehalte der einzelnen Lebensmittel schwer abzuschätzen sind, ist die zusätzliche Versorgung mit hochwertigen Produkten aus der Apotheke sinnvoll. Ganz davon abgesehen, dass Essen und Trinken Freude machen sollte – und das ist sicher nicht der Fall, wenn man angestrengt versucht, die manchmal sehr hohen empfohlenen Mengen diverser Vitamine und Mineralstoffe nur mit der Nahrung aufzunehmen.

Da einige Mikronährstoffe bei Krebserkrankungen in größeren Mengen aufgenommen werden müssen, ist die zusätzliche Versorgung mit hochwertigen Produkten aus der Apotheke sinnvoll.

Hinzu kommt, dass konventionelle Krebstherapien leider immer wieder zu erheblichen Essstörungen führen. Die folgende Übersicht gibt Ihnen ein paar Tipps, was Sie in solchen Fällen tun können, um eine gute Ernährung aufrecht zu erhalten.

Appetitlosigkeit

- mehr, dafür kleinere Mahlzeiten (auch nachts)
- starke Essensgerüche vermeiden
- nur zwischen den Mahlzeiten trinken
- Speisen appetitlich anrichten
- Lebensmittel nach Lust aussuchen

Übelkeit/Erbrechen

- eher kleine und häufigere Mahlzeiten
- langsam essen und trinken
- gründlich kauen
- trockene Nahrungsmittel (Toast, Kekse, Knäckebrot) bevorzugen
- Oberkörper beim Essen hoch lagern
- nach dem Essen Zähne putzen

Kau- und Schluck-Beschwerden

- kühle Speisen bevorzugen (können Schmerzen lindern)
- krümelige Speisen meiden
- mit Butter und Sahne kochen (lassen Speisen besser rutschen)
- kohlensäurehaltige Getränke meiden

Mundtrockenheit

- Pfefferminz- und Zitronentee trinken (regen den Speichelfluss an)
- zwischendurch saure Bonbons oder Zitrusfrüchte lutschen

- häufig kleine Schlucke trinken
- wasserhaltige Lebensmittel bevorzugen

Quelle:
Zürcher G: Tumoren. In: Kluthe R. (Hrsg.): Ernährungsmedizin in der Praxis: Aktuelles Handbuch zu Prophylaxe und Therapie ernährungsbedingter Erkrankungen. Losebl.-Ausg., Balingen, Spitta Verlag, 2001

Verstopfung

- viel trinken
- ballaststoffreich essen
- viel bewegen
- vorsichtig den Bauch massieren

Darmsanierung zur Immunstärkung und bei Tumorerkrankungen (Matthias Mertler)

Der Darm, das größte immunologische Organ

Besonders bei so schweren Erkrankungen wie Krebs hängt die Gesundung entscheidend von der Leistungsfähigkeit des Immunsystems ab. Daher ist ein gesunder Darm von zentraler Bedeutung für den Erfolg der Therapie – denn er ist unser größtes immunologisches Organ.

Rund 80 % unseres gesamten immunologisch aktiven Gewebes ist im Darmbereich angesiedelt.

Vielleicht haben Sie schon von der Barriere-Funktion der Darmschleimhaut gegen den Übertritt krankmachender Keime aus dem Darmkanal in das Körperinnere gehört. Weniger bekannt ist, dass ca. 80 % unseres gesamten immunologisch aktiven Gewebes im Darmbereich angesiedelt ist – diesem Organsystem kommt also eine übergeordnete Bedeutung in der Abwehr schädlicher Fremdstoffe zu.

Nirgendwo sonst im Körper findet ein so intensiver Kontakt zwischen „innen und außen“ statt wie im Darm. Leider können neben wünschenswerten Nahrungsbestandteilen auch die verschiedensten Fremdstoffe wie Toxine (Giftstoffe), Parasiten, Krankheitserreger und deren Stoffwechselausscheidungen den Darmkanal passieren. Die Schutzbarriere des Darmes besteht aus der Bakterienflora der Darmwand, aus dem Schleim, der Schleimhaut, den anatomischen Bestandteilen des Darmes und dem nachgeschalteten Immunsystem, das über die Lymph- und Blutbahn mit allen anderen Bereichen des Körpers verbunden ist. So wird verständlich,

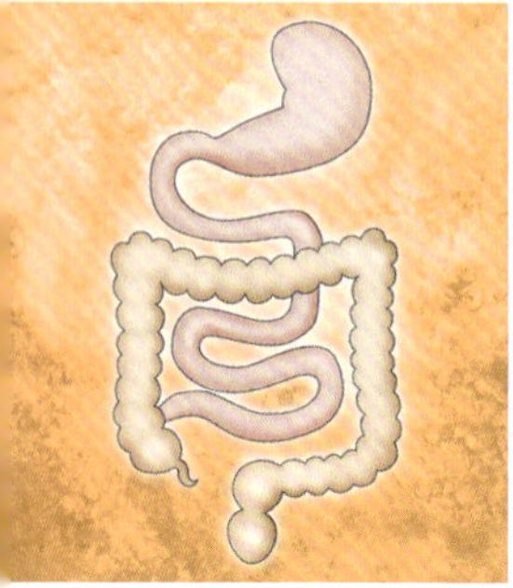

Veränderungen der Darmflora können Funktionsstörungen sämtlicher Verdauungsorgane bewirken.

dass Schwächung und Überforderung des Darmimmunsystems neben Darmerkrankungen auch Störungen in anderen Organsystemen nach sich ziehen kann.

Ursachen für Störungen der Darmflora können sehr vielfältig sein

Zu Störungen der Bakterienflora im Darm kann es unter anderem durch Ernährungsfehler, Abführmittel, Cortisonanwendungen oder Therapien mit Antibiotika kommen. Massiv sind in der Regel die Auswirkungen einer Strahlen- oder Chemotherapie. Diese starken Therapieformen können innerhalb weniger Tage die Darmflora zerstören. Die entstehenden „ökologischen Nischen" werden häufig sofort von falschen „Bewohnern" besetzt – meist von Hefepilzen.

Durch diese Veränderungen der Bakterienbesiedelung können zunächst Funktionsstörungen auftreten wie Blähungen, Durchfall oder Verstopfung sowie Bauchschmerzen bis hin zu Koliken. Aus dem Stoffwechsel der Fremdkeime (Gärung und Fäulnis) können erhebliche Mengen von Giftstoffen (Toxinen) entstehen, die zu einer starken Belastung der Leber und damit zu Müdigkeit, Leistungsschwäche und Kopfschmerzen führen. Einige der Stoffwechselgifte haben sogar krebsauslösende Wirkungen.

Bei Krebserkrankungen sollte die Darmflora frühzeitig mit probiotischen Präparaten aufgeforstet werden.

Wie können gesunde Darmverhältnisse wieder aufgebaut werden?

Zur Beseitigung von Darmpilzen empfehle ich in den meisten Fällen eine erste Behandlung mit dem Wirkstoff „Nystatin" und eine zuckerfreie Diät über mindestens drei Wochen. Außerdem sollte die Darmflora frühzeitig mit Präparaten „aufgeforstet" werden, die dem Darm seine biologischen Keime zurückgeben – die so genannten Symbionten. Die gebräuchlichsten Präparate dieser Art („probiotische Präparate") enthalten die unentbehrlichen Symbionten als lebensfähige Keime in unterschiedlichen Zusammensetzungen. In der Praxis hat sich gezeigt, dass die Kombination verschiedener Keimgruppen deutlich schneller zum Erfolg führt. So gelten beispielsweise Laktobazillen als „Starterkultur", die eine Entwicklung weiterer Darmbakterien überhaupt erst ermöglichen.

Im Unterschied zu den genannten Lebendkeim-Präparaten gibt es so genannte Lysate – das sind Wirk- und Inhaltsstoffe von Symbionten. Diese Lysate sind allein nicht zur Wiederbesiedelung geeignet, können diese aber wirksam unterstützen. Nach sechs bis acht Wochen kann man kontrollieren, ob sich die natürliche Darmflora wieder hergestellt hat.

Bei Krebserkrankungen kann die ständige Einnahme von probiotischen Präparaten notwendig werden. Die damit erzielte bedarfsgerechte Versorgung des Darmes führt unter anderem zur Hemmung krankmachender Darmkeime, zur Verminderung krebserzeugender Substanzen und zur Anregung des Immunsystems.

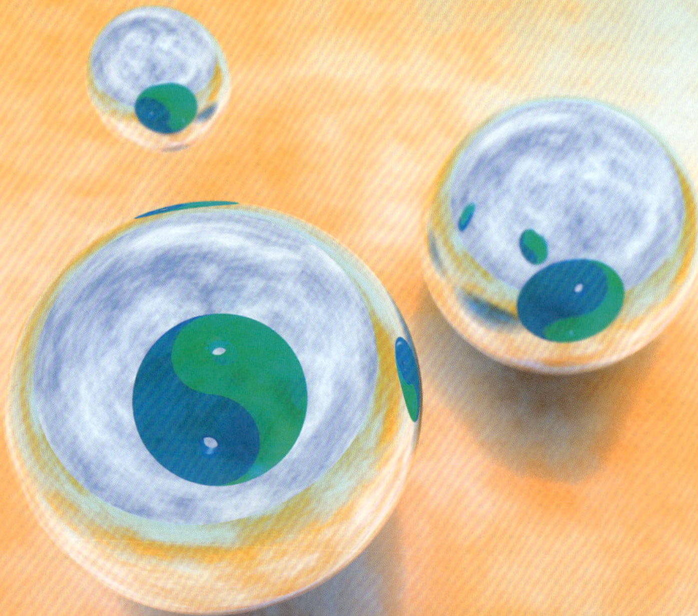

Was können Sie darüber hinaus persönlich tun?

Pflege von Körper, Seele und Geist

Kunst- und Bewegungstherapien

Pflegetherapien

Medikamentöse Therapien

Das therapeutische Gespräch

Was können Sie darüber hinaus persönlich tun?

Wenn Sie dieses Buch bis hierher gelesen haben, haben Sie wahrscheinlich schon festgestellt: Die Krebskrankheit lässt sich durch eine einzelne Therapie nicht besiegen. Das gilt auch für die konventionellen Therapien Operation, Bestrahlung und Chemotherapie. Krebs ist so vielschichtig, dass er auch in mehrfacher Hinsicht behandelt werden muss.

Welche therapeutischen Möglichkeiten bestehen, darüber haben Sie auf den vorangegangenen Seiten schon einiges erfahren. Den Schwerpunkt habe ich dabei auf die Arzneimittel der komplementären Therapie gelegt – sowie auf die Bewegungs- und Kunsttherapien, auf Fragen der Ernährung und nicht zuletzt auf den psychischen Bereich, der für den Verlauf der Krankheit von großer Bedeutung ist.

Da die Menschen und ihre konkreten Lebenssituationen sehr verschieden sind, kann es keine allgemeingültige Lösung geben, sondern nur ein individuelles, persönliches therapeutisches Konzept für jeden Einzelnen.

Über etwas ganz Entscheidendes habe ich aber noch nicht gesprochen: darüber, was Sie selbst tun können, um den Krebs zu überwinden. Das ist ein wichtiger Bestandteil Ihres persönlichen therapeutischen Konzepts. Unter dem therapeutischen Konzept verstehe ich die Festlegung Ihrer Ziele für Ihr weiteres Leben und insbesondere für Ihren Umgang mit der Krankheit – und natürlich die Strategie, nach der Sie diese Ziele erreichen möchten. Da die Menschen und ihre konkreten Lebenssituationen sehr verschieden sind, kann es auch keine allgemeingültige Lösung geben, sondern nur ein individuelles, persönliches therapeutisches Konzept für jeden Einzelnen.

Das therapeutische Konzept sollten Sie in Zusammenarbeit mit einem Arzt oder Heilpraktiker Ihres Vertrauens erarbeiten – und es ist viel Arbeit erforderlich! Arbeit für den Geist und für die Seele. Welche äußere Form dieses Konzept hat, ist gleichgültig, so lange sie es bei Bedarf jederzeit parat haben. Der eine „speichert" es in seinem Kopf, der andere schreibt es auf. Manche legen Checklisten an, andere führen Tagebuch. Und so weiter. Wie Sie Ihr individuelles therapeutisches Konzept anlegen, liegt ganz bei Ihnen – dass es für eine erfolgreiche Krebstherapie unerlässlich ist, steht aber außer Zweifel.

Aus meiner eigenen Erfahrung sind es vor allem fünf Bereiche, aus denen sich ein therapeutisches Konzept zusammensetzt:

- die Pflege von Körper, Seele und Geist
- die Kunst- und die Bewegungstherapien
- die Pflegetherapien
- die medikamentöse Therapie
- das therapeutische Gespräch

Zu allen fünf Bereichen möchte ich Ihnen noch einige wichtige Ratschläge geben. Damit möchte ich Ihnen helfen, Ihre Urteilsfähigkeit schärfen, damit Sie die für die individuelle Krankheitssituation bestmögliche Therapie finden und aktiv an ihrer Ausgestaltung mitwirken können – ob als von der Krankheit Betroffene(r) oder jemand, der/die einem an Krebs erkrankten Menschen nahe steht.

Pflege von Körper, Seele und Geist

Ich stelle ganz bewusst einen ungewohnten Gedanken an die erste Stelle: die gezielte, eigenverantwortliche Pflege von Körper, Seele und Geist. Sie wissen, wie entscheidend deren gesundes Zusammenwirken für Ihre Gesundheit ist. Und so wie wir Menschen heute Raubbau mit der Natur treiben, tun wir das oft auch mit uns selbst – häufig unbewusst. Wir wissen oft zu wenig von uns selbst; wie wir wirklich sind, was uns nutzt und was uns schadet. Wir haben in der Schule viel zu wenig darüber gehört. Und so ist das Missverständnis entstanden, in Körper und Seele würde alles ganz automatisch funktionieren und wir müssten uns darum gar nicht kümmern. In Wirklichkeit können wir aus eigener Kraft viel für unser Wohlergehen tun – oder das genaue Gegenteil bewirken.

Aus eigener Kraft können wir viel für unser Wohlergehen tun.

Pflege des Körpers

Ich habe schon darüber gesprochen, von welch großem Einfluss auf einen Krankheitsverlauf die Umstellung der Ernährungsgewohnheiten sein kann. Oft bewährt es sich, von stark fleischbetonter Nahrung auf eine fleischarme oder vorübergehend sogar vegetarische Kost überzugehen. Lassen Sie mich noch einmal betonen: Es gibt keine spezifische Krebsdiät.

Jeder Mensch braucht vor allem einen Schlafrhythmus, auf den sich der Körper langfristig einstellen kann.

Besonders in einer so schwierigen Krankheitssituation wie dem Krebs ist es wichtig, den Körper zu pflegen. Sie können sich beispielsweise einmal in der Woche mit einem Pflanzenöl einreiben, sich mit Überzeugung schön kleiden, Haare, Hände und Füße gepflegt halten. Das Äußere spielt eine wichtige Rolle für unser Wohlbefinden. Und dieses wiederum wirkt positiv auf das Immunsystem ein.

Wie schon gesagt, ist auch freiwillige, freudig ausgeführte Bewegung eine Art Diät für den Körper und sollte mit großer Regelmäßigkeit praktiziert werden – vor allem in Form von Spaziergängen in der Natur.

Von großer Wichtigkeit ist auch der Schlaf. Gehen Sie regelmäßig zu Bett und bereiten Sie sich in Ruhe darauf vor – vermeiden Sie es, unmittelbar vom Fernsehen oder vom Computer ins Bett zu gehen. Unsere Vorfahren wussten, wie wichtig der Schlaf für die Regeneration des Körpers ist und sie schätzten zu Recht den Schlaf vor Mitternacht besonders. Jeder Mensch braucht sein bestimmtes Maß an Schlaf – der eine kürzer, der andere länger. Er braucht aber vor allem einen Schlafrhythmus, auf den sich der Körper langfristig einstellen kann.

Man kann natürlich auch zu viel schlafen. Dann wird man nicht richtig munter, schwächt die Abwehrkräfte und neigt daher zu Infektionskrankheiten. Vor allem das so genannte Ausschlafen am Wochenende nutzt dem Körper wenig; er möchte viel lieber seinen täglich gleichmäßigen Rhythmus. Wenn er aus bestimmten Gründen wirklich einmal zu wenig Schlaf hatte, dann holt er ihn sich schon – allerdings nicht, wenn ein Wecker diesen Schlaf unterbricht. Im Allgemeinen wird heute eher zu viel geschlafen, denn der Erwachsene braucht selten mehr als sechs bis acht Stunden pro Nacht. Falls Sie unter Schlafstörungen leiden, beachten Sie bitte die Literaturhinweise am Ende dieses Buches.

Pflege der Seele

Im Allgemeinen wird die Pflege der Seele heute noch weniger beachtet als die des Körpers. Ich habe im Gegenteil oft den Eindruck, dass die Seele so etwas wie eine Müllhalde vieler moderner Menschen geworden ist. Haben Sie schon einmal darüber nachgedacht, was alles im Laufe eines Tages auf Ihre Seele einwirkt? Fernsehen mit seinen überwiegend negativen Mitteilungen oder Darstellungen, Illustrierte mit oft furchtbaren Bildern, Zeitungsmeldungen, die Angst und Schrecken verbreiten, Verkehrslärm, Kaufhäuser mit unvermeidlicher Musik und verschiedenen Gerüchen, großflächige Reklame, lärmende Diskotheken usw. Ich kann hier unmöglich alles aufzählen, was die moderne Welt uns Menschen seelisch alles zumutet. Haben Sie schon einmal überlegt, dass alle diese äußeren Reize von uns „verdaut" werden müssen? Dass es irgendwo in den Tiefen Ihrer Seele oder des Gedächtnisses abgelagert wird und oft viel später wieder auftaucht – etwa in Form von Ängsten, Schlafstörungen oder großer Unruhe und Nervosität? Wissen Sie, wie elend sich Ihre Seele fühlt, wenn sie immerzu aufgestachelt wird und nie wirkliche Ruhe erleben darf?

Unsere Seele braucht auch Momente der Ruhe über den Schlaf hinaus.

Der moderne Mensch glaubt, er würde sich entspannen, wenn er sich vor den Fernseher setzt oder ins Kino geht. Ich kannte sogar einmal einen Chirurgen, der nach einem anstrengenden Tag mit vielen Operationen abends mit seinem Porsche zwei Stunden zur Erholung Autobahn fuhr! Unsere Seele liebt Bewegung, ja sie *ist* sogar Bewegung – aber sie liebt und braucht auch Momente der Ruhe über den Schlaf hinaus.

Jeder moderne Mensch sollte für sich entdecken, dass es von größter Hilfe für ein ausgeglichenes und gesundes Leben ist, ein- bis zweimal am Tag für eine Viertelstunde ganz zur Ruhe zu kommen, „Einkehr zu halten", wie man es früher nannte. Moderner können wir das auch „Zu-sich-Kommen" nennen. Und da sind wir wieder mitten im Thema Krebs: Zu-sich-Kommen heißt auch, sein Selbst wahrnehmen, sehen, wer dieses „Ich" eigentlich ist und was es will. Ich habe im Kapitel über das Immunsystem dargestellt, wie wichtig dieses Selbst-Erkennen als Voraussetzung dafür ist, das Fremde, also auch den Krebs, zu identifizieren und zu bekämpfen. Noch einmal möchte ich auf LeShan verweisen und auf seine Vorstellung einer Lebensmelodie, die jeder in sich hat und die er nicht verlieren darf.

Es ist von größter Hilfe für ein ausgeglichenes und gesundes Leben, ein- bis zweimal am Tag für eine Viertelstunde ganz zur Ruhe zu kommen.

Wie Sie sich diese Zeiten der Ruhe konkret schaffen und ausfüllen, das müssen Sie ganz persönlich entscheiden. Am besten ziehen Sie sich in einen ruhigen Raum zurück, setzen sich bequem und aufrecht hin und denken ein wenig über sich und Ihre Lebenssituation nach. Oder Sie nehmen ein Buch und lesen ein wenig – je nach Geschmack und Interesse vielleicht eine kurze Novelle oder ein Märchen, in den Evangelien oder in einem Gedichtband. Der Inhalt sollte anregend sein, also zum Nachdenken geeignet, aber keinesfalls destruktiv oder einfach nur „spannend". Und hier noch ein Tipp: Nutzen Sie die letzten Minuten, bevor Sie wieder in die äußere Aktivität zurückgehen, um noch einen Augenblick nachklingen zu lassen, was Ihnen in dieser Ruhepause innerlich begegnet ist.

Ein alter und schöner Begriff für diese Pausen der Ruhe und Besinnung heißt Kontemplation – in den eigenen Tempel der Seele einzutreten, in ihm wieder Andacht zu lernen und Frieden zu finden. Und denken Sie bitte auch an die Kreativität, die es wieder zu entdecken gilt und über die wir schon bei den Kunsttherapien gesprochen haben (s. S. 67).

Das alles sind nur Beispiele aus einer unendlichen Fülle von Möglichkeiten, die Sie für sich entdecken können, oder die sich vielleicht aus Gesprächen mit Ihrem Arzt, mit Therapeuten und anderen Helfern ergeben. Bitte unterschätzen Sie diesen seelischen Teil der Therapie nicht, mit der Sie den Krebs überwinden wollen.

Pflege des Geistes

Die Pflege unseres Geistes ist ein sehr persönlicher, intimer Bereich – hier sind wir am stärksten wir selbst. Hier muss jeder Mensch seinen ganz eigenen Weg entdecken. Am intensivsten pflegen Sie Ihren Geist wohl durch Gebet und Meditation.

Jede Weltreligion hat ihre Gebete – jeder, der es möchte, wird das Richtige für sich entdecken. Beim Meditieren ist das schon schwieriger, denn hier gibt es heute viele Angebote sehr unterschiedlicher Ausrichtung. Sie werden also auf eigene Initiative Ihren Weg finden müssen. Weil ich ihn mehrfach erwähnt habe und persönlich sehr schätze, möchte ich noch einmal auf LeShan verweisen, der ein kleines Büchlein „Vom Sinn des Meditierens“ geschrieben hat. Es könnte Ihnen helfen, wenn Sie sich zu diesem Thema orientieren wollen.

Am intensivsten pflegen Sie Ihren Geist wohl durch Gebet und Meditation.

Kunst- und Bewegungstherapien

Mit diesem Thema haben wir uns in einem eigenen Kapitel dieses Ratgebers (s. S. 67) bereits befasst. Darum möchte ich Sie an dieser Stelle nur noch einmal daran erinnern, wie wichtig es ist, die Kreativität zu wecken und den schöpferischen Menschen in uns wieder zu entdecken. In vieler Hinsicht müssen wir auch in der Therapie der Krebskrankheit schöpferisch sein, auch unser Immunsystem braucht Kreativität. Es sollte daher keine Krebsbehandlung darauf verzichten, sich von Kunst- und Bewegungstherapien anregen zu lassen.

Pflegetherapien

Die Pflegetherapie ist heute ein sehr unbekanntes und wenig beachtetes Gebiet – in der modernen Medizin ist sie fast in Vergessenheit geraten. Pflege ist heute auf reine Dienstleistung oder auf hoch spezialisierte Arbeit im Operationssaal oder auf der Intensivstation reduziert. Im Grunde aber ist die Pflege der Ursprung aller wahren *Behandlung*. Denn in diesem Wort steckt doch die Hand, die an uns gelegt wird. Pflege umfasst heute meist nur die so genannte Grundpflege: Waschen, Verbandswechsel, Einreibungen, vielleicht auch Hilfestellungen beim Essen geben, Betten usw. Der eigentliche Kern der Pflege ist jedoch die pflegende Hand. Sie reibt Öle, Salben, Linimente ein, sie macht Waschungen, Auflagen und Wickel. Es gibt bestimmte Formen rhythmischer Einreibungen oder Massagen und oftmals wird auch einfach nur tröstend die Hand eines Patienten gehalten.

Die gegenseitige Berührung ist ein wichtiges Element unseres Menschseins – intensive Mit- oder Zwischenmenschlichkeit äußert sich in Zärtlichkeit. Wie tröstend kann eine streichelnde Hand, ein Händedruck sein. Der Krebskranke aber erlebt sich oft als Unberührbarer: Andere Menschen ziehen sich von ihm zurück, empfinden Angst bei einer nahen Begegnung, vielleicht sogar Abscheu wegen der Folgen einer Operation, Chemotherapie oder Bestrahlung. Denken Sie an die Beispiele eines künstlichen Darmausgangs, an die abgenommene Brust, den totalen Haarausfall nach der Chemotherapie. Durch die Pflege aber erlebt der Kranke, dass es Menschen gibt, die ihn ohne Scheu berühren, die dem Körper wieder Würde verleihen wollen, die sich ihm zuwenden.

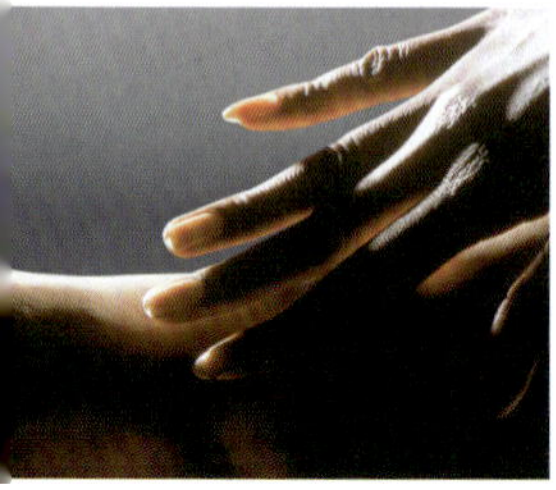

Der eigentliche Kern der Pflege ist die pflegende Hand. Oftmals wird auch einfach nur tröstend die Hand eines Patienten gehalten.

Wie oft sind nicht die Ärzte oder die Angehörigen die ersten, denen sich ein Patient in seinen Nöten offenbart, die er ins Gespräch zieht – sondern die Pflegenden. Erinnern Sie sich an das Gleichnis vom barmherzigen Samariter? Es zeigt die Haltung des wirklich Pflegenden in ihrer vollen Bedeutung. Ich bin der festen Ansicht, dass die Pflege wieder in den Mittelpunkt aller Behandlung, aller Therapie gestellt gehört.

Medikamentöse Therapien

Medikamente wird in erster Linie der Arzt oder Heilpraktiker verordnen. Aber es gibt auch die so genannte „Selbstmedikation", wobei ich immer zur *beratungsgestützten* Selbstmedikation rate. Das bedeutet, dass der Arzt, der Heilpraktiker oder auch der Apotheker als Fachmann und Kenner der Arzneimittel um Rat gefragt wird, ob ein bestimmtes Medikament zusätzlich zu der übrigen Therapie eingenommen werden kann, ob es diese unterstützt oder womöglich stört. Bitte bedenken Sie immer, dass Arzneimittel untereinander Wechselwirkungen haben. Sie können einander fördern, sich verstärken, aber auch stören und hemmen. Das gilt auch für Naturheilmittel und homöopathische Arzneimittel! Und da Krebs eine schwierig zu behandelnde Krankheit ist, scheint es mir wichtig, bei jedem neuen Medikament zu klären, ob es auch in das Gesamtkonzept passt.

Das therapeutische Gespräch

In Goethes Märchen von der schönen Lilie und der Schlange fragt ein König einen Weisen, was erquicklicher wäre als das Licht. Und dessen Antwort lautet: „das Gespräch". In der Tat wirkt kaum etwas anderes so belebend und anregend wie ein gutes Gespräch – am besten zwischen nur zwei Menschen. Der Ausdruck „sich aussprechen" kennzeichnet die Bedeutung des Gesprächs recht gut – es geht um viel, viel mehr als nur den Austausch von Informationen. Gerade in der so schwierigen Situation einer Krebskrankheit ist ein Gespräch notwendiger Balsam für die Seele, und der Mensch, der uns zuhört und mit uns spricht, wird oft wie ein Geschenk Gottes erlebt. Nicht selten aber bildet sich um diese Krankheit Sprachlosigkeit, man weicht aus, nennt den Namen Krebs nicht, zieht sich zurück, verstummt. Das ist jedoch ein Weg, der nicht hilft, sondern immer nur noch tiefer in die Krankheit hineinführt.

Gerade in der so schwierigen Situation einer Krebskrankheit ist ein Gespräch notwendiger Balsam für die Seele, und der Mensch, der uns zuhört, wird oft wie ein Geschenk Gottes erlebt.

Es gibt berufliche Gesprächstherapeuten verschiedener Psychotherapieschulen, die sehr unterschiedliche Wege mit einem Patienten gehen. Vertrauen Sie sich nicht dem Erstbesten an, sondern machen Sie sich die Mühe, so lange zu suchen, bis Sie den Gesprächspartner gefunden haben, der für Sie der richtige ist. Vertrauen Sie dabei auf Ihr Gefühl – Ihre „innere Stimme" wird es Ihnen sagen, wenn Sie am Ziel sind.

Ein Mensch braucht viel Einfühlungsvermögen, um in einer so schweren Lebenssituation wie der Krebskrankheit begleitender Helfer zu sein. Es gibt die Seelsorger der verschiedenen Religionen, denen das therapeutische Gespräch ein echtes Anliegen ist und die richtige Lebenshelfer werden können. Außerdem gibt es heute auch Berater, die sich zur Aufgabe machen, den Zusammenhang von Lebenslauf und Krankheit zu ergründen und Perspektiven für die Zukunft zu finden.

Wo auch immer ein Helfer herkommt, wird er Ihnen nur helfen können, wenn er Ihre Aktivität und Eigenständigkeit zulässt und fördert. Ihnen hilft nicht wirklich, wenn Ihnen vorgeschrieben wird, was Sie zu tun haben oder wie Sie sich verhalten sollen – schließlich wollen Sie zu Ihrem Selbst finden. Als die wichtigste Eigenschaft eines wahren Helfers sehe ich die lei-

Ein wahrer Helfer wird Ihnen nur helfen können, wenn er Ihre Aktivität und Eigenständigkeit zulässt und fördert.

der seltene Fähigkeit, ständiger Ratgebender zu sein, Ihnen bei der Suche nach Wegen zu Ihrem Ziel zu helfen oder einfach nur zuzuhören, zu verstehen und zu trösten. Deshalb kann der Helfer auch eine Freundin oder ein Freund sein – natürlich auch der Lebenspartner. Es ist sehr wichtig, dass Sie in der Ehe oder Partnerschaft den Mut und die Offenheit haben, miteinander über die Krankheit zu sprechen – und über die daraus entstehenden Fragen, Sorgen und Ängste. LeShan zeigt in seinen Büchern beispielhaft, was das therapeutische Gespräch bewirken kann. Und deshalb gehört es tief verankert in jede Krebstherapie.

Fragen und Antworten

Fragen und Antworten

Ist Krebs heilbar?

Weil mir diese Frage von Patienten fast immer ganz früh gestellt wird, allerdings meist indirekt und in der Form „wie lange habe ich noch zu leben?“, steht sie auch hier an erster Stelle. Und die Antwort lautet ganz einfach: *Ja, Krebs ist heilbar*. Doch es ist ein langer, meist mühevoller Weg bis zu diesem Ziel. Und es ist ein Weg, der Helfer braucht, der viel Mut und Aktivität von Ihnen fordert und den Glauben, es zu schaffen.

Spielt das Immunsystem eine Rolle beim Krebs?

Ja, und zwar nach meiner Überzeugung eine ganz zentrale Rolle. Jede Krebszelle ist für den Organismus eine „fremde“ Zelle, und deshalb müsste sie von dem Immunsystem eigentlich erkannt und vernichtet werden. Das geschieht auch ganz oft in unserem Leben. Zu Krebs kann es erst kommen, wenn das Immunsystem bei dieser Aufgabe versagt. Deshalb muss bei jeder Krebstherapie und -vorbeugung darauf geachtet werden, das Immunsystem so zu unterstützen, dass es optimal funktioniert.

Was kann ich für mein Immunsystem tun?

Das ist eine sehr umfassende Frage, auf die dieser Ratgeber an verschiedenen Stellen ausführlich antwortet. Lassen Sie mich wesentliche Antworten hier noch einmal zusammenfassen: Viel Bewegung, Wärme, gesunde Ernährung, ausreichend Schlaf sind wichtig für unsere Gesundheit und damit auch für das Immunsystem. Es wird aber auch von seelischen Faktoren beeinflusst: Depressivität, Initiativlosigkeit und Resignation hemmen das Immunsystem – Zuversicht, Mut und Tatkraft fördern es. Und wichtige Arzneimittel der biologischen (komplementären) Krebstherapie beeinflussen es nachhaltig: Selen, Vitamin C, Mistel und bestimmte Eiweißbausteine wie beispielsweise die Thymuspeptide.

Hat Krebs auch seelische Ursachen?

Darüber sind sich die Experten uneins. Aber zahlreiche Forscher und Psychoonkologen gehen davon aus, dass neben den vielen körperlichen Ursachen auch seelische bei der Entstehung von Krebs eine große Rolle spielen. Auf jeden Fall sollte bei dieser Krankheit immer eine ganzheitlich orientierte Therapie erfolgen, in der auch die seelische Symptomatik ernst genommen wird. In der auch der Blick auf den Lebenslauf gerichtet wird, um herauszufinden, wie es zu dieser Krankheit kam, welche Fragen diese an Sie stellt und welche Antworten gefunden werden müssen. Immer wird es darauf hinauslaufen, wichtige Veränderungen vorzunehmen, an bestimmter Stelle einen Neubeginn zu wagen. „Diagnose Krebs – Wendepunkt und Neubeginn" hat der bekannte Psychoonkologe LeShan diese Situation im Titel eines seiner Bücher genannt.

Was kann ich von der Schulmedizin erwarten?

Sie ist die unverzichtbare Grundlage. Mit ihrer Hilfe wird die exakte Diagnose gestellt. Für die Therapie bietet sie viele Möglichkeiten, die sich alle auf die Zerstörung der Krebsgeschwulst richten – in der Hoffnung, dadurch das Überleben zu verlängern. Für jede Krebsart gibt es unterschiedliche Konzepte, deren Erfolg durch Studien und ihre statistische Auswertung bewertet wird. Chemotherapien und Bestrahlungstherapien sind von Fall zu Fall sehr unterschiedlich wirksam, immer müssen Sie auch mit unerwünschten Wirkungen rechnen. Deshalb ist es wichtig, dass Sie einen Arzt finden, der sowohl die schulmedizinischen als auch die biologisch-komplementären Therapien kennt und Sie optimal beraten kann.

Helfen denn auch andere Therapien bei Krebs?

Alle nicht von der Schulmedizin praktizierten Therapien werden als „komplementär" bezeichnet, das heißt: ergänzend. Der Schwerpunkt der komplementären Krebstherapie liegt in der Optimierung der Funktionen des Immunsystems und in der nachhaltigen Verbesserung der Lebensqualität. Die Therapien sind im Allgemeinen besser verträglich, ergänzen die schulmedizinischen Therapien und mildern nicht selten deren Nebenwirkungen. Als besonders hilfreich haben sich die Misteltherapie, die Therapie mit tierischen Peptiden aus Thymus, Leber und Milz sowie hoch dosierte Gaben von Selen und Vitamin C erwiesen.

Was sagt mir die statistisch ermittelte Überlebenszeit?

Hier ist die Antwort doppeldeutig. Einerseits ergibt sich daraus eine an vielen Menschen ermittelte Durchschnittszahl, wie lange man eine bestimmte Diagnose in Abhängigkeit vom Stadium der Krankheit *wahrscheinlich* überlebt. Andererseits sagt eine solche Zahl für Sie persönlich *konkret* gar nichts aus. Diese Zahl kam doch zustande, weil ein Mittelwert von allen Überlebenszeiten gebildet wurde, darunter auch von solchen Menschen, die viel kürzer, und anderen, die viel länger gelebt haben. Kein Arzt und kein Wissenschaftler kann Ihnen sagen, zu welcher Gruppe Sie gehören. Nirgendwo sonst sind Aussagen so unzuverlässig, wie bei der Prognose einer Krebskrankheit. Positiv kann man sagen, dass Sie aus diesen Zahlen einschätzen können, ob sich das damit verbundene Therapieangebot für Sie eigentlich lohnt.

Was ist ein Tumormarker?

So werden bestimmte Eiweißstoffe genannt, die in geringen Mengen in jedem Körper nachweisbar sind, bei bestimmten Geschwulstbildungen jedoch vermehrt gebildet werden. Allgemein bekannt sind zum Beispiel CEA (Carcino-Embryonales Antigen), das bei vielen verschiedenen Krebsgeschwülsten nachweisbar ist, und PSA (Prostata-Spezifisches-Antigen), was spezifisch bei Prostatakrebs gehäuft auftritt. Alle Tumormarker sind nur ein Hinweis auf eine Krebserkrankung, sie können nur selten zur Früherkennung benutzt werden. Ihre Hauptanwendung finden sie nach erfolgter Krebstherapie in der Nachsorge, um möglichst früh ein Rezidiv zu erkennen. Es gibt jedoch bei allen Krebsarten einen gewissen Prozentsatz, wo überhaupt kein Tumormarker anspricht.

Ist Krebs vererbbar?

Krebs ist keine Erbkrankheit. Es gibt jedoch vererbbare Änderungen der Erbinformation, die das Risiko, an bestimmten Krebsarten zu erkranken, erhöhen. Derartige genetische Mutationen sind z. B. für Brustkrebs erkannt worden. Sie sind allerdings relativ selten: Nur etwa fünf bis zehn Prozent der in Deutschland jährlich diagnostizierten Mammakarzinome liegt eine erbliche Veranlagung zugrunde.

Was mache ich, wenn mein Arzt gegen eine biologische Krebstherapie ist?

Eigentlich kann die Antwort nur lauten: suchen Sie sich einen anderen Arzt! Vielleicht hat Ihr Arzt aber wichtige, konkrete Gründe, warum eine solche Therapie für Sie im Augenblick nicht infrage kommt – dann wird er Ihnen diese Gründe erklären. Merken Sie aber, dass er nur aus seinem persönlichen Vorurteil heraus spricht, dass er sich gar nicht wirklich mit komplementären Therapien beschäftigt hat, dann wechseln Sie den Therapeuten!

Wie kann ich die Angst besiegen?

Das ist eine ganz wichtige und für die Überwindung der Krebskrankheit ausschlaggebende Frage. Nach meiner Erfahrung ist der Sieg über die Angst eine unbedingte Voraussetzung, um wieder gesund zu werden. Sehr hilfreich dabei sind hochwertige Extraktpräparate aus Johanniskraut. Sie hellen innerlich auf, lösen die Angst und stärken die Zuversicht. Auch die Misteltherapie hat eine angstlösende Wirkung. Darüber hinaus hilft eine kontinuierliche begleitende Gesprächstherapie – und nicht zuletzt Ihr Mut, sich der Krankheit entgegen zu stellen und sie nicht zu verdrängen. Auch Kunst- und Bewegungstherapien können wertvolle Helfer sein.

Muss ich meine Ernährung ändern?

Das kommt darauf an, wie Sie sich bisher ernährt haben. Wichtig ist eine Vollwertkost, die alle notwendigen Baustoffe des Körpers frisch und in guter Qualität enthält. Sie sollte schwerpunktmäßig „laktovegetabil“ sein, also eher fleischarm. Gewöhnen Sie sich an, zu regelmäßigen Zeiten und in Ruhe zu essen und die Mahlzeiten auch zu genießen. Jede Einseitigkeit in der Ernährung ist eher schädigend. Das Essen muss Ihnen vor allem Freude machen.

Kann ich dem Krebs vorbeugen?

Man muss heute davon ausgehen, dass in jedem Menschen speziell der hoch technischen (westlichen) Welt eine Krebsveranlagung existiert, die durch Umweltfaktoren zusätzlich verstärkt wird. In jedem Körper gibt es Tumor erzeugende „Onkogene“, die durch bestimmte Einflüsse zur Tumorbildung beeinflusst werden können. Eine absolut wirksame Vorbeugung kann es also nicht geben.

Wegen der großen Bedeutung unseres Immunsystems für die Verhinderung von Krebs ist dessen positive Beeinflussung entscheidend wichtig. Viele körperliche und seelische Faktoren wirken anregend bzw. fördernd oder unterdrückend bzw. hemmend auf das Immunsystem (mehr dazu s. S. 21). Sie sollten sich also intensiv mit diesem Thema befassen. Eine Selbstverständlichkeit sollte der bewusste Umgang mit Tabak, Alkohol und der Ernährung sein.

Schließlich können Sie zusammen mit Ihrem Arzt oder Heilpraktiker herausfinden, ob Sie stärker gefährdet sind als andere Menschen. Dann kann eine vorbeugende Therapie erfolgen, zum Beispiel mit Mistel oder Thymuspräparaten. Regelmäßige, kontrollierte Einnahmen von z. B. 50 µg Selen oder 500 mg Vitamin C pro Tag sind weitere empfehlenswerte Maßnahmen.

Wie verhalte ich mich als Partner, Angehöriger oder Freund?
Am allerwichtigsten ist es, dass Sie sich nicht von Ihrer eigenen Angst bestimmen lassen und dem Erkrankten deshalb ausweichen, sich zurückziehen oder verstummen. Die Bekämpfung der Krebskrankheit braucht größte Ehrlichkeit und Offenheit, nichts fördert das Leiden so sehr wie Illusion und Lüge. Der Erkrankte muss erleben, dass Sie ihn weiter als den Menschen sehen, der er auch vor der Krankheit war. Er möchte Nähe spüren, aber auch das Bemühen, ihm viel Raum für sich selbst zu lassen. Verschonen Sie ihn mit immer neuen Zeitungsausschnitten, welche Therapie noch helfen könnte! Wenn Sie so etwas lesen, recherchieren Sie erst einmal selbst, wie seriös das Angebot ist, was es kostet, ob die Krankenkasse es bezahlt usw.

Überprüfen Sie, ob Sie sich stark genug fühlen, in *allen* Lebenslagen Begleiter des Kranken zu sein – auch in tiefster Verzweiflung und Hoffnungslosigkeit. Und erleben Sie dann, wenn Sie den Mut dazu aufbringen, wie viel Sie selbst dabei gewinnen werden. Glauben auch Sie daran, dass Krebs heilbar ist – auch wenn dafür viel Mut und gemeinsame Anstrengung nötig sind. Seien Sie einfach für den Kranken da.

Glossar

Antioxidanzien

■ Gegenspieler der *Freien Radikale,* welche durch Stoffwechselvorgänge entstehen und durch freie Sauerstoffgruppen Organgewebe angreifen und auch zerstören können.

benigne

■ gutartig, s. „Geschwulst“

Bestrahlungstherapie

■ Vernichtung von Krebszellen (und leider auch gesunden Zellen) durch ionisierende Strahlung, z. B. Röntgenstrahlen. Sollte grundsätzlich erst nach besonders sorgfältiger Abwägung eingesetzt werden.

Bewegungstherapie

■ Bewegung dient der Anregung zahlreicher Körperfunktionen. Wichtige Hinweise dazu s. S. 67.

Biologische Krebstherapie

■ Wichtige Ergänzung der schulmedizinischen Maßnahmen – daher auch die Bezeichnung „komplementäre Krebstherapie“. Dazu rechnen immunwirksame Medikamente wie Mistel- und Thymuspräparate, mineralische Spurenelemente (z. B. Selen) und Vitamine.

Chemotherapie

■ Bekämpfung und Hemmung von Tumorzellen durch chemisch-synthetische Arzneimittel, welche meist Zytostatika genannt werden. Standardtherapie der konventionellen Onkologie, die oft starken Effekte führen auch zu erheblichen Nebenwirkungen.

Chirurgische Krebstherapie

■ Entfernung des Tumors durch eine Operation. Wichtige Entlastung des Organismus und häufig lebensrettend – aber nicht als alleinige Krebstherapie zu sehen.

Chronomedizin

■ Relativ junger Wissenschaftszweig, der die Wechselwirkung tagesrhythmischer Schwankungen biologischer Körperfunktionen mit Gesundheit und Krankheit untersucht.

Darmflora

■ Gesamtheit der im Magen- und Darmkanal normalerweise lebenden Mikroorganismen (Bazillen, Bakterien).

Darmsanierung

■ Wiederherstellung einer gesunden *Darmflora.*

Entartete Zelle

■ Eine körpereigene Zelle, die sich in ihrem strukturellen Äußeren und im genetischen Material so verändert, dass sie ihrem Ursprung („Art") nicht mehr entspricht.

Enzyme

■ Organische Substanzen, die fast alle chemischen Reaktionen im Körper vermitteln. Enzyme unterstützen chemische Reaktionen, ohne dass sie selbst dabei verbraucht werden („Katalysatoren"). In der Krebstherapie eingesetzt, um Krebszellen aufzuspüren und die Bildung von *Metastasen* zu verringern.

Evidenzbasierte Medizin

■ Zweig der Schulmedizin, der nur durch Experimente und Studien beweisbare Fakten akzeptiert.

Freie Radikale

■ Nebenprodukte des Zellstoffwechsels, die Zelltod oder -schäden verursachen können. Sie führen zu einer erhöhten *Mutation*srate. Mutationen sind eine Ursache für die Entstehung von Krebs.

Ganzkörperhyperthermie

■ Willentlich herbeigeführte Überwärmung des Körpers. Wird bei zahlreichen Erkrankungen eingesetzt – bei Krebs zur Zerstörung bösartiger Zellen und/oder zur Unterstützung einer Chemo- oder Strahlentherapie.

Geist

■ Der bewusste Teil der Psyche, welcher die Individualität eines Menschen ausmacht.

Geschwulst

■ (Tumor). Gewebsneubildung durch Zellwucherung. Man unterscheidet gutartige („benigne") Geschwülste von den bösartigen („malignen") Krebs-Geschwülsten. Diese Unterscheidung erfolgt meist durch mikroskopisch-histologische Untersuchungsmethoden.

Immunschwäche

■ s. *Immunsystem.*

Immunsuppressivum

■ (Mehrzahl: Immunsuppressiva) Arzneimittel zur Dämpfung des *Immunsystems* – z. B. zur Verhinderung von Abstoßungsreaktionen nach Organtransplantationen.

Immunsystem

■ Hochsensibles und -differenziertes System zur Überwachung der Eigenheit (Integrität) des Körpers, arbeitet durch Aneignung und Ausscheidung. Unterscheidet alles Fremde vom Selbst.

Immunzellen

■ Spezifische Zellen des weißen Blutzellsystems („Leukozyten"), die für das Immunsystem zentrale Aufgaben erfüllen.

Injizieren

■ Durchführung einer Injektion – Einspritzen eines Medikaments, z. B. in die Vene („intravenöse Injektion" i. v.), in einen Muskel („intramuskulär" i. m.) oder unter die Haut („subcutan" s. c.).

Johanniskraut

■ (Hypericum perforatum). Heilpflanze mit starker angstlösender und stimmungsaufhellender Wirkung.

Karzinogene

■ Stoffe, die Krebs auslösen können: Kohlenwasserstoffe, Asbest, Dioxine usw.

Komplementäre Krebstherapie

■ s. *biologische Krebstherapie.*

Kontemplation

■ Ruhige (Selbst-)Betrachtung. Eine besondere Form der Kontemplation ist die Meditation.

Konventionelle Krebstherapie

■ Die Verfahren der Schulmedizin zur Krebsbekämpfung. Dies sind vor allem die *chirurgische Krebstherapie,* die *Chemotherapie* und die *Bestrahlungstherapie.*

Krebs auslösende Faktoren

■ Neben den *Karzinogenen* auch vielfältige Umwelteinflüsse, bestimmte Arzneimittel, Genussmittel wie Tabak und Alkohol, radioaktive Stoffe, Röntgenstrahlen usw. Zunehmend sieht man auch so genannte „Krebsgene", die in zahlreichen Viren vorkommen, als Krebs auslösende Faktoren.

Krebsgene

■ s. *Krebs auslösende Faktoren.*

Kunsttherapie

■ Mal-, Sprach-, Gesangstherapie usw. zur Ergänzung der medikamentösen Behandlung im Sinne einer ganzheitlichen Therapie.

Lymphe

■ Körperflüssigkeit, die der Ernährung von *Zellen* bzw. von Gewebe dient und die *Lymphozyten* von ihrem Entstehungsort in das Blut transportiert. Aufgaben des Lymphsystems im Rahmen des *Immunsystems:* s. S. 18.

Lymphozyten

■ Weiße Blutkörperchen. Sammelbegriff für unterschiedliche Arten von Blutkörperchen mit verschiedenen Aufgaben, s. S. 19.

maligne

■ bösartig, s. „Geschwulst".

Mariendistel

■ (Silybum marianum). Heilpflanze zur Unterstützung der Leberfunktion.

Metastasen

■ Tochtergeschwülste, die durch Ausbreitung von Krebszellen über das Blut und die *Lymphe* im ganzen Körper entstehen können.

Mikrometastasen

■ *Metastasen,* die (noch) so klein sind, dass man sie mit den heute verfügbaren Methoden nicht erkennen kann.

Mineralien

■ (Mineralstoffe). Anorganische Stoffe, die zum großen Teil lebenswichtige Funktionen im Körper erfüllen. Ca. 5 % des menschlichen Körpers bestehen aus Mineralien, die laufend ausgeschieden werden und durch die Nahrung ersetzt werden müssen.

Mistel

■ (Viscum album L.). Heilpflanze, die auf verschiedenen Wirtsbäumen lebt, woraus sich eine unterschiedliche medizinische Wirksamkeit ergibt. Wichtigstes Heilmittel der biologischen Krebstherapie, s. S. 45 ff.

Mutation

■ Veränderung von genetischem Material in Zellen durch unterschiedlichste äußere und innere Einflüsse.

NK-Zellen

■ „Natürliche Killerzellen“: *Lymphozyten*-Art, die auf direktem Wege Krebszellen bekämpft.

Peptide

■ Körpereigene Eiweißstoffe, wichtig für die Aktivierung und Steuerung der Immunabwehr, s. S. 58 ff.

Pflegetherapie

■ Pflege nicht nur als Hilfs- bzw. Dienstleistung, sondern als Handlung mit eigenem therapeutischem Wert, s. S. 89.

Phytotherapie

■ Therapeutischer Einsatz von Pflanzen bzw. von aus Pflanzen gewonnenen Arzneimitteln.

Polychemotherapie

■ Chemotherapie unter Einsatz mehrerer unterschiedlicher *Zytostatika.* Jedes einzelne kann geringer dosiert werden – damit sollen die Nebenwirkungen verringert werden.

Prätumorstadium

■ Frühes Stadium der Krebserkrankung, in dem die Geschwulst mit heutigen Methoden noch nicht nachzuweisen ist. Geht jeder manifesten Geschwulstkrankheit um viele Jahre voraus.

Prophylaxe

■ Vorbeugende Maßnahmen gegen gesundheitliche Schäden.

Provitamin

■ Vorstufe eines Vitamins – es muss erst entsprechend umgewandelt werden, um für den Organismus als Vitamin nützlich zu sein.

Psychoonkologie

■ Betrachtung von Geschwulstkrankheiten unter ganzheitlicher Sicht des Menschen, das heißt Einbeziehung seelischer und geistiger Faktoren.

Psychosomatik

■ Zusammenhang zwischen psychischen Faktoren und körperlichen („somatischen") Reaktionen.

Remission

■ Allgemein: das Nachlassen von Krankheitssymptomen. Bezogen auf Krebs: Völlige („Vollremission") oder teilweise („Teilremission") Befreiung von Geschwülsten.

Schulmedizin

■ Gängige Bezeichnung für die naturwissenschaftliche Medizin („evidenzbasierte Medizin"). Für die Naturwissenschaften ist nur gültig, was messbar und zählbar ist, was man beobachten und objektivieren kann. Anhand von Statistiken prüft sie, ob eine Annahme („Hypothese") richtig ist oder nicht.

Seele

■ Im Vergleich zum *Geist* ist die Seele weniger einheitlich. Sie umfasst unsere Gefühle, Leidenschaften, Triebe, Instinkte, Ängste.

Selen

■ Essenzielles *Spurenelement.* Das heißt, es ist lebensnotwendig, kann aber vom Körper nicht selbst gebildet werden. Selenmangel kann Krebs begünstigen.

Spontanheilung

■ Selbstheilung ohne erkennbare therapeutische Maßnahmen.

Spurenelemente

■ Stoffe, die dem Körper nur in winzigen Mengen mit der Nahrung zugeführt werden, aber zum Teil lebenswichtige Aufgaben erfüllen: Eisen, Kupfer, Mangan, Jod, Fluor, Zink usw.

Stoffwechsel

■ (Metabolismus). Sammelbezeichnung für die Vielzahl von chemischen Reaktionen im Körper, bei denen die Zellen Energie umsetzen, ihre Identität wahren und sich vermehren. Der Stoffwechsel wird von *Enzymen* gesteuert. Alle Lebewesen sind ständig von exakt gesteuerten, gleichzeitig ablaufenden Stoffwechselreaktionen abhängig – von der Entstehung des Organismus bis zum Lebensende.

Stress

■ Reaktion des Körpers auf schädliche und/oder belastende Einwirkungen. Bei starkem Stress können die Widerstandsreaktionen des Körpers so stark sein, dass sie ihrerseits zu so genannten „Anpassungskrankheiten" führen.

Therapeutisches Konzept

■ Die vom Betroffenen im Zusammenwirken mit dem Arzt/Therapeuten bestimmte persönliche Strategie zur Überwindung der Krebserkrankung – unerlässliche Grundlage für eine erfolgversprechende Therapie.

Toxine

■ Giftstoffe.

Tumor

■ s. *Geschwulst.*

Tumormarker

■ Eiweißstoffe, die bei Auftreten bestimmter Geschwülste verstärkt gebildet werden und daher als „Zeichen" für solche Geschwülste gelten können.

Tumorverdoppelungszeit

■ Die Zeit, in der sich die Zellzahl eines Tumors verdoppelt.

Vitamine

■ Organische Verbindungen, die der Körper in ausreichenden Mengen braucht, um Gesundheit und ein normales Wachstum sicherzustellen. Vitamine sind unter anderem an der Bildung von Hormonen und Blutzellen beteiligt. Sie gehen Verbindungen mit Proteinen ein und bauen so stoffwechselaktive *Enzyme* auf, die zahlreiche lebenswichtige Prozesse im Körper fördern.

Vollwertkost

■ Ernährung mit biologisch wertvollen Lebensmitteln, um das körperlich-geistige Wohlbefinden zu erhalten bzw. wiederherzustellen. Stellt den biologischen Wert eines Lebensmittels im Gegensatz zum reinen Nährwert (der z. B. einer Kalorientabelle zu entnehmen ist) in den Mittelpunkt. Unterscheidet weitgehend naturbelassene *Lebens*mittel von den stärker verarbeiteten *Nahrungs*mitteln.

Zelle

■ Kleinste lebens- und teilungsfähige Einheit pflanzlicher und tierischer/menschlicher Gewebe.

Zytostatikum

■ (Mehrzahl: Zytostatika). Arzneimittel zur Hemmung des Wachstums von (Krebs-) *Zellen.*

Ergänzende Literatur

Zum Thema Schulmedizin:

- Hilke Stamatiadis-Smidt, Harald Zur Hausen: Thema Krebs – Fragen und Antworten. Springer Verlag

Zur komplementären Medizin:

- Volker Fintelmann: Die Krebssprechstunde. Verlag Urachhaus

Zur Misteltherapie:

- Annette Bopp: Die Mistel. Heilpflanze in der Krebstherapie. rororo Sachbuch

Zur Psychoonkologie:

- Lawrence LeShan: Psychotherapie gegen den Krebs. Klett-Cotta Verlag
- Lawrence LeShan: Diagnose Krebs. Wendepunkt und Neubeginn. Klett-Cotta Verlag

Zum Thema Selbsterfahrung:

- Susanne Schaup: Noch nie habe ich so gern gelebt. Kösel-Verlag
- Dale Carnegie: Sorge dich nicht – lebe! Scherz Verlag

Zu Schlafstörungen:

- Volker Fintelmann: Schlaf und Schlafstörungen. Johannes M. Mayer Verlag

Weitere Informationen/Adressen

Deutsche Krebshilfe
Thomas-Mann-Straße 40
53111 Bonn
Tel. 02 28/72 99 00
www.krebshilfe.de

Deutsche Arbeitsgemeinschaft für psychosoziale Onkologie e.V. (dapo)
Kardinal-von-Galen-Ring 10
48149 Münster
Tel. 07 00/20 00 66 66
www.dapo-ev.de

Krebsinformationsdienst KID
Tel. 0 62 21/41 01 21
www.krebsinformationsdienst.de
Schmerztelefon des KID:
0 62 21/42 20 00

Deutsche Schmerzhilfe e.V.
Sietwende 20
21720 Grünendeich
Tel. 0 41 42/81 04 34
www.schmerzselbsthilfe.de

Deutsche Krebsgesellschaft e.V.
Steinlestraße 6
60596 Frankfurt am Main
Tel. 0 69/63 00 96-0
www.deutsche-krebsgesellschaft.de

Deutsche Schmerzliga e.V.
Adenauerallee 18
61440 Oberursel
Tel. 07 00/375 375 375
www.dsl-ev.de
(Schmerztelefon von 9.00 bis 12.00 Uhr täglich besetzt)

Bundesorganisation Selbsthilfe Krebs e.V.
Universitätsklinikum Charité
Augustenburger Platz 1
13353 Berlin
Tel. 0 30/4 50 57 83 06
www.selbsthilfekrebs.de

Gesellschaft für Biologische Krebsabwehr e.V.
Hauptstr. 44
69117 Heidelberg
Tel. 0 62 21/13 80 20
www.biokrebs.de

Frauenselbsthilfe nach Krebs, Bundesverband e.V.
Geschäftsstelle B 6 10/11
68159 Mannheim
Tel. 06 21/2 44 34
www.frauenselbsthilfe.de

Union für biologische Krebstherapie e.V. (UBK)
Wilhelmshöher Allee 279
34131 Kassel
Tel. + Fax: 05 61/31 19 95
www.krebstherapeuten.de

Wenn Sie schnellen persönlichen Rat suchen:

Telefonische Hotline 0 41 71/707118
Montag bis Freitag 8.00 – 12.00 Uhr

Dr. Loges + Co. GmbH
Postfach 1262
21412 Winsen
Fax 0 41 71/7 07-100
www.loges.de

Adressen der Autoren dieses Buches:

Prof. Dr. med. Volker Fintelmann
Facharzt für Innere Medizin
Carl Gustav Carus Akademie für Ganzheitsmedizin
Rissener Landstraße 193
22559 Hamburg

Beitrag zur Hyperthermie:

Dr. med. Stephan Wey
Facharzt für Innere Medizin und Naturheilverfahren
Laufbachstraße 38
77886 Lauf

Beitrag zur Darmsanierung:

Matthias Mertler
Heilpraktiker
Wilhelmstraße 2–4
58332 Schwelm